U0616293

签派资源管理

罗凤娥　孙立新　编著

西南交通大学出版社
·成　都·

图书在版编目（ＣＩＰ）数据

签派资源管理／罗凤娥，孙立新编著. —成都：
西南交通大学出版社，2019.9（2021.1 重印）
ISBN 978-7-5643-7163-0

Ⅰ . ①签… Ⅱ . ①罗… ②孙… Ⅲ . ①民用航空 – 机
场 – 业务 – 教材　Ⅳ . ①F560.81

中国版本图书馆 CIP 数据核字（2019）第 210111 号

Qianpai Ziyuan Guanli
签派资源管理

罗凤娥　孙立新　编著

责任编辑	孟秀芝
封面设计	原谋书装
出版发行	西南交通大学出版社
	（四川省成都市金牛区二环路北一段 111 号
	西南交通大学创新大厦 21 楼）
发行部电话	028-87600564　028-87600533
邮政编码	610031
网址	http://www.xnjdcbs.com
印刷	四川森林印务有限责任公司
成品尺寸	170 mm×230 mm
印张	11.5
字数	207 千
版次	2019 年 9 月第 1 版
印次	2021 年 1 月第 2 次
书号	ISBN 978-7-5643-7163-0
定价	68.00 元

图书如有印装质量问题　本社负责退换
版权所有　盗版必究　举报电话：028-87600562

前　言

　　"签派资源管理"是空中交通运输专业的一门专业必修课。它的任务在于使学生在系统掌握签派理论知识后，能够熟练地将签派资源管理的技能应用到实际的航空运行中。本教材根据国际民航组织、中国民航局对飞行签派员执照及训练的要求，结合实际运行，重点培养学生的签派资源管理技能，为学生今后从事飞行签派工作打下坚实的基础。

　　为了方便学生理解和掌握，本教材在编排上根据教学内容的内在联系，力求由浅入深，突出重点，密切联系实际，内容的安排及叙述具有较强的逻辑性，并考虑有利于教学方式的改变与教学手段的更新。第一章绪论，包括签派资源管理（DRM）的发展历程、含义以及签派资源管理的学科性质等。第二章信息沟通，包括沟通方式和技巧以及沟通障碍的克服等。第三章决策，包括影响决策的因素和提高决策能力的方法等。第四章签派员工作负荷管理，包括签派员情景意识和压力管理等。第五章人为因素与差错管理，包括运控中的人为因素和预防签派人误的对策等。第六章团队建设与协作，包括如何做好团队协作以及团队绩效管理等。第七章航空公司 DRM 训练及管理，包括航空公司 DRM 训练概述以及训练效果评估等。第八章签派员 DRM 技能评估，包括 DRM 技能评估指标体系和签派员 DRM 技能管理等。

本教材参考了国内外规章手册和相关资料，贯彻理论联系实际的原则，在取材上尽量反映国内外最新成果，所选资料为民航最新实际资料，使之更加适合于民航各类专业和非专业人员的需要。

由于本教材涉及的知识面较广，编者可查阅的资料有限，本书部分内容可能与今后实际情况存在一些差异。同时，由于编者水平有限，本书不妥之处在所难免，欢迎读者批评指正。

本书在编写过程中，结合了大量的航空公司实际运行案例，在此对各个航空公司的支持表示由衷的感谢；同时也得到了中国民航飞行学院多方面的帮助和支持，在此深表谢意。另外，也感谢为此书的撰写提供支持的研究生团队。

编　者
于中国民航飞行学院
2019 年 2 月

目　录

第一章 绪 论

　　航空运输量的持续增长和运行环境的日益复杂化对飞行签派员科学管理可用资源、保障运行安全实施提出了更高的要求。航空承运人运控中心是航空公司承运人对飞机实施安全管理的核心，是由各职能部门代表组成的专业技术团队，按照运行手册规定的政策、程序和标准，确保每次飞行都能按照预定计划安全、高效地运行。随着航空公司的飞机数量和航线规模的不断扩大，空域紧张和运行环境日趋复杂，快速提升运控中心能力、强化签派资源管理尤为重要。

　　作为签派资源管理入门课程的绪论，本章的主要目的是为读者建立起这门学科的知识框架，以便读者在之后各章节的学习中，能够在把握这一理论框架的前提下掌握签派资源管理的精髓。本章的主要内容包括：签派资源管理的发展历程、含义以及签派资源管理的学科性质等。

第一节 签派资源管理概述

一、签派资源管理的发展历程

　　签派资源管理是伴随着机组资源管理的发展而产生的。1979 年，美国国家运输委员会（NASA）首次提出机组资源管理（Crew Resource Management，CRM）的概念。CRM 是利用一切可获得的资源（人、设备和信息）来确保飞行安全，通过管理、防止机组人员的差错来改善安全点人为因素的方法。航空公司不断认识到机组资源管理的重要意义，便逐渐采纳并开始利用。随着 CRM 的发展，最初的驾驶舱飞行机组也延伸到客舱乘务员、飞行签派员、空中交通管制员等。起初，签派资源管理（Dispatch Resource Management，DRM）作为机组资源管理的一部分被讨论，但随着航空公司业务的发展需要，签派资源管理逐渐作为一个独立的部分开始被各个航空公司所研究。

（一）国外发展

民航运输发展较早，国外对 DRM 的研究是在美国国家运输安全委员会（NTSB）于 1979 年提出的机组资源管理（Crew Resource Management，CRM）的基础上提出的。随着国际民航体系的迅速发展，航班运行愈加复杂，航班运行安全面临多方面因素的影响，仅强化飞行员的能力训练并不能弥补发展短板。于是，美国联邦航空管理局（FAA）在 CRM 的基础上提出了扩展训练，将签派员、管制员等包括在内。随着国外学者对人为因素的深入研究，NTSB 在航空事故原因调查中发现，众多航空事故的发生事故链中签派员是重要一环，加强签派员对资源的利用可有效避免运行控制不及时、协同决策不合理等情况的发生。Gilbert，Gordon A.在 CRM 的咨询通告的基础上，首次提出了将 CRM 应用到签派员训练中的建议，并详细定义了 DRM 的概念、训练实施过程与反馈评估机制。

为规范航空公司 DRM 训练，美国民航局于 1995 年发布了咨询通告用于指导航空公司开展 DRM 训练，对训练内容、实施过程、反馈评估的相关概念均做了统一。但是由于前期研究较少，实施质量并不如预期。国际民航组织（ICAO）在此基础上于 2004 年发布了 DRM 咨询通告，扩大了 DRM 训练对象范围，鼓励航空公司增强对 DRM 训练的管理与重视。于是，FAA 于 2005 年又出台了新版本的咨询通告，更新了 DRM 训练组成、反馈评估，增加了监督指导设置。2011 年，FAA 下发的 *Dispatch resource management training* 又详细地介绍了 DRM 的训练流程、训练内容、训练方法等。2013 年，FAA 下发 *Aircraft Dispatcher Practical Test Standards*，NTSB 发现，运行控制和协同能力不足是航空事件发生的原因之一，DRM 能力训练则可以有效地改善这一方面。2017 年，ICAO 开展的 CBTA 项目对 DRM 能力训练及评估也提出了要求。

（二）国内发展

由于我国民航发展起步较晚，专职签派员也稍晚于国际民航发达国家，针对 DRM 的研究也是自 20 世纪才开始涉及。签派资源管理的研究在国内尚处于雏形阶段，考虑到签派资源管理是人力资源开发的一种综合运用，笔者认为有必要对它进行全面而深入的研究与分析。

飞行签派员作为航空公司运行指挥的核心人员，要成为"不上天的机长"，安全责任重大。根据民航规章要求，飞行签派员必须具备履行运行控制职责所必需的知识、能力以及经历。为促进国内签派资源管理的发展，中国民航局颁布了一系列法规和咨询通告。

CCAR-65 部规定，签派员执照理论考试要求包括 DRM 的相关知识内容。中国民航局飞行标准司依据《民用航空飞行签派员执照管理规则》（CCAR-65）制定的实践考试标准中，要求申请人能够表现出在签派资源管理方面的能力。

CCAR-121 部要求，航空公司在签派员初始、转机型地面训练以及定期复训中提供 DRM 训练，并且签派执照申请人需掌握签派资源管理的理论知识与实践技能。

中国民航局于 2009 年、2011 年连续发布了两部咨询通告，分别是《签派资源管理训练》（AC-121-FS-2009-32）、《签派资源管理训练大纲的制定与实施》（AC-121-FS-2011-44），对 DRM 的训练大纲、训练阶段、效果评估和监督检查等做了明确要求。

2011 年年底，中国民航局出台了《航空承运人飞行签派员资质管理标准》（AC-121-FS-2011-43），规范并强化了飞行签派员资质管理，对航空承运人运行控制能力的提升起到了积极作用。

2014 年发布了《航空承运人飞行签派员人力资源评估指南》（AC-121-FS-2014-121），开展签派员人力资源评估工作。

2016 年中国民航局颁发了《航空承运人飞行签派员资质管理标准》（AC-121-FS-2016-043-R1），旨在向航空承运人提供飞行签派员资质评估及资质管理的标准和方法，同时为局方监察员实施持续监督检查提供指南，其中明确提出了每年至少应进行一次 DRM 训练。

2017 年中国民航局又颁布了《航空承运人飞行签派员资格检查指南》（AC-121-FS-2017-129），规范了航空承运人飞行签派员资格检查内容、流程和程序，其中提出签派员在资格检查中应满足签派资源管理的能力要求。

二、签派资源管理的重要性

在飞行事故调查中发现，不适当的运行控制、不适当的合作和放行决策导致了航空运输事故。因此，飞行签派员对可靠资源的有效管理是防止这类事故的基本措施之一。在实施运行控制时，签派员通过与飞行机组成员、空中交通管制员以及很多团队的其他人员的合作来满足日常飞行运行安全的要求。对飞行签派员实施资源管理训练，加强飞行签派员在整个运行环境中对其他参与者职能的认识，从而达到以下两个目的：一是提高安全运行的信息处理能力；二是改善与每位机长进行交流的界面，以符合 CCAR-121 部规定的共同负责的概念。

在以往不安全事件调查中发现，不充分的运行控制和不充分的协同决策是多起航空事故的促因，加强签派员对可用资源的有效管理是防止这类事故的基本措施。签派员在履行签派职责时要与飞行机组成员、空中交通管制员以及运行团队中的其他成员合作，以满足日常飞行运行安全的要求。

对于航空公司来讲，要加快发展步伐，提高运行控制能力，首先就是要充分挖掘从业人员潜能。运行控制中心是前场运行的中枢和指挥中心，而飞行签派员作为运行控制工作的核心，除了考虑安全、对运行负责外，还应更多地考虑公司的利益，所以班组资源管理配置尤为重要。班组作为最基层、最一线的生产管理单位，其人员的专业素质、工作经验、思想状况有所不同，因此必须依靠管理把班组里的每个飞行签派员有效地组织和协调起来，充分利用他们的现有资源，发挥班组的整体和系统功能。

通过签派资源管理，签派员应具备以下素质：第一，具有高度的责任感。签派工作对飞行安全负有重要责任，因为他掌握着飞机的放行与接收，尤其是遇到低能见度、雷雨、大风等危险天气时，更要严把放飞关。第二，具备广泛的业务知识。随着民航机队的不断扩大，飞行签派员应尽可能多地掌握一些航务、飞行、机务、飞机性能以及商务运营等方面的知识。第三，具有较强的组织协调能力。飞行签派对保证航班正点起着至关重要的作用，如何提高正点率，需要签派人员及时联系航管、机场、商务、边检、油料等各有关单位并加以协调。第四，具备较高的英语水平。做好签派，英语水平尤为重要，因为航务方面的各种电传、航班动态电报、航行通告等信息使用的都是英语或其缩写形式。而且，飞机生产厂家提供的各种手册也都是英文版。第五，具有成本意识。飞行签派员如何努力提高公司的效益呢？众所周知，在销售饱和的情况下，降低企业的运行成本可以增加效益。飞行签派员及时掌握航班动态，遇到飞机故障或航班延误时，要合理利用运力，结合实际情况做出取消、合并或补班的决定，从而最大限度地减少航空公司的运营成本。

三、签派资源管理的含义

签派资源管理着眼于利用可用资源解决飞行运行过程中不同群体间的沟通和相关人际关系的优化，包括有效的团队建设、冲突解决、情景意识、信息传递与发布、问题的解决与决策等所做的人与自动化系统间的交互。DRM源于机长和签派员对飞行计划、航班延迟以及签派放行的共同责任。合理有效地利用签派员这一资源，使飞机在整个运行过程中处于最安全的状态，以提高整个航空公司的经济效益，已成为各个航空公司迫切需要解决的问题。

签派资源管理，就是利用一切可获得的资源（人员、装备、手册、程序、流程和信息）来确保飞行安全，通过防止或管理签派员的差错来改善影响安全的人为因素的方法，使航空公司获得最大的经济效益。它包括人为因素与差错管理、问题解决与决策、沟通、工作负荷管理、团队建设与协作等。

签派资源管理将运行班组成员视为有机整体，通过各类先进的辅助系统及设施来沟通协作，实现各类信息的有效交流共享，在保证运行安全和保证服务质量的前提下，充分、科学、有效、合理地调配、组织利用各种资源来实施管理，从而实现航班的管理、调整、监控。

四、签派资源管理的意义

NASA 和加拿大运输安全委员会通过大量的空难事故、事故征候的调查发现，运行控制的欠缺和协作决策的不足是造成空运事故的重要原因。例如国内某航空公司，2018 年 7 月 10 日机组人员误关组件导致座舱失压后继续飞行事件，主要是由机组成员安全作风不到位、理论专业知识不扎实、签派员工作不认真导致的。这次事件相当于两次严重事故征候，一是座舱失压，二是机组后续决定继续飞往目的地的错误处置，都是人为因素造成的。在事件的发展过程中，运行签派形同虚设，当日值班的签派员通过系统监控该航班，均未发现高度紧急下降以及后续高度严重不符的情况，不能满足民航局《航空承运人航空器追踪监控实施指南》咨询通告中的相关要求，对飞行轨迹垂直剖面异常变化监控能力不足。而且，运控部门和相应岗位的签派员与机组一样，没有依规给出适当的应对措施。

相反，国内另一航空公司，一名旅客发现飞机机翼有一处与其他处不一样，机组听到这一消息后及时与公司签派联系，公司签派及时与机务联系，将机务意见转达给机组，最终机组听取了签派和机组的意见，就近备降至斯德哥尔摩机场，因此避免了飞行事故的发生。这两种不同的结果告诉我们，不同的协作决策会导致不同的结果。可见，有效的签派资源管理，可以降低安全事故发生的可能性。

五、签派资源管理需注意的问题

首先，在设定特定的管理程序之前，应该了解签派员对资源管理概念的理解和执行程度。对飞行签派员的签派工作进行调查研究，观察他们在工作中的表现，对已经出现的事故症候进行分析，有针对性地提出大纲，并对设计管理方案的签派员提供必要的信息和指导。

其次，签派资源管理方案应能反映签派工作的组织结构特点和需要。在了解签派工作组织结构的前提下，针对该工作所涉及的问题，建立资源管理的先后顺序，有针对性地对飞行签派员进行管理。

最后，在进行签派资源管理的过程中，必须规定管理大纲所涉及的人员范围。而且，在启动签派资源管理方案前，需要向签派员通报方案的特性和范围。专门负责签派资源管理的部门，需要向飞行签派员提供管理的内容以及初始计划和长期计划，这样可以防止签派员对管理重点的误解以及在实施过程中可能出现的其他方面的误解，避免不必要的麻烦，取得更好的资源管理效果。

第二节　签派资源管理的学科及理论模型

一、签派资源管理的学科性质

从以上对签派资源管理的含义、目标及重要性的讨论中，我们可以概括出签派资源管理的重要性质。

签派资源管理和飞行中人的因素一样，也是由多学科组成的一门边缘性学科。主要的相关学科包括以下方面。

（一）飞行中人的因素

签派资源管理是在机组资源管理的基础上发展起来的，而机组资源管理与人的因素之间没有严格的界限，所以签派资源管理也必然涉及人的因素的问题。相关研究从主要内容来说，都是以人为研究重心。它们的主要区别在于：飞行中人的因素侧重于研究驾驶舱内的个体行为、个体生理、心理现象；而签派资源管理训练着眼于利用可用资源解决航空公司中不同群体间的沟通和相关人际关系的优化问题，包括有效的团队建设、冲突解决、情景意识、信息传递与发布、问题的解决、决策的做出以及人与自动化系统的交互等。飞行签派员作为组织和协调者，在复杂的飞行系统中具有不可替代的重要作用，签派员的人为因素直接决定民航飞行的运行安全状态。

（二）管理心理学

签派资源管理是管理心理学在运控中心的具体应用。签派资源管理的许多理论框架都来源于这门学科。它通过研究特定环境中人的行为，了解人的内部心理过程和心理状态以及动机、情绪、个性等心理现象。它关于人的信息的加工研究的成果，可为签派资源管理中人的因素提供科学原理和设计参数。

（三）社会心理学

"社会心理学是研究个体在其社会和文化情境中的行为的科学。"既然签派资源管理的研究侧重于班组的群体行为和群体行为效益，那么社会心理学作为研究全人类社会心理学现象的学科，理所当然地成为它的一个不可缺少的理论知识来源。譬如，社会动机、自我意识、角色心理、挫折心理、工作态度、人际交往、群体心理以及组织文化等，既是社会心理学研究的主要内容，也是签派资源管理必要的组成部分。社会心理学可以为签派资源管理的研究与运用不断地提供知识养料和理论指导。

（四）航空医学及航空生理学

航空医学及航空生理学是研究运行环境对签派员身体的影响，生物节律扰乱、睡眠缺失、疲劳及药物酒精对签派员的副作用等问题的学科，是从人体解剖特点和人体生理过程深入研究其原理和机制的基础，是人的因素的必然组成部分。

（五）航空工效学

由于签派资源管理是利用一切可获得的资源（人员、装备、手册、程序、流程和信息）来确保飞行安全，它不可避免地要涉及人机界面的诸多问题。航空工效学正是研究显示器设计、精密系统设计以及模拟器设计中人的因素问题的学科，因此它也是签派资源管理课程的必要组成部分。

二、签派资源管理的理论模型

（一）墨菲定律

1949 年，墨菲和他的上司斯塔普少校参加美国空军的 MX981 火箭减速超重实验。这个实验的目的是测定人类对加速度的承受极限。其中的一个实验项目是将 16 个火箭加速度计悬空装置在受试者上方，当时有两种方法可以将加速度计固定在支架上，而不可思议的是，竟然有人有条不紊地将 16 个加速度计全部装在错误的位置，于是墨菲做出了"墨菲定律"这一著名的论断。如果做某项工作有多种方法，而其中有一种方法将导致事故，那么一定有人会按这种方法去做。

墨菲定律的根本内容是"凡是可能出错的事有很大几率会出错"，指的是任何一个事件，只要具有大于零的几率，就不能够假设它不会发生。它告诫我们，容易犯错误是人类与生俱来的弱点，不论科技多发达，事故都会发生，而且我们解决问题的手段越高明，面临的麻烦就越严重。所以，我们在事前应该尽可能考虑周到、全面一些，如果真的发生不幸或者损失，我们必须学会如何去接受，并不断从中学习成功经验。

（二）事故链理论

事故链理论是事故预防工作中应用最多的理论，其目的并不是追究谁应当对事故负责。事故链中事件的重要性及其对事故发生的作用对事故预防工作是很有益的。

有时事故被认为是一系列事件发生的后果。这些事件是一系列的，一件接着一件发生的，因此对事故的描述就是"一连串的事件"。一系列或一连串事件的发生，最终导致了事故的发生。但是，只要这一系列和一连串事件中有一件不发生，事故就不会发生。

事故链理论说明，要预防事故必须从那些影响航空安全的事件入手。一个安全事件可能曾经造成过事故，也可能因为其他环节被阻断而导致事件或差错。不管是否实际导致过事故，安全事件都是事故事件链的构件。这类事件只要存在，就会有结合其他事件爆发事故的危险。

（三）Reason 模型

Reason 模型是曼彻斯特大学教授 James Reason 在其著名的 *Human error*

一书中提出的概念模型（见图 1-1）。它被国际民航组织推荐为航空事故调查与分析的理论模型之一。

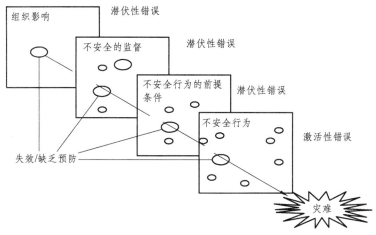

图 1-1 Reason 模型

Reason 模型的内在逻辑是：事故的发生不仅有一个事件本身的反应链，还同时存在一个被穿透的组织缺陷集，事故促发因素和组织各层次的缺陷（或安全风险）是长期存在的并不断自行演化的，但这些事故促因和组织缺陷并不一定造成不安全事件，当多个层次的组织缺陷在一个事故促发因子上同时或次第出现缺陷时，不安全事件就失去多层次的阻断屏障而发生了。

（四）SHEL 模型

SHEL 模型（见图 1-2）对于形象地描绘签派员与运控系统中各个组成部分之间的相互关系有重要作用。其中，S 为 Software，软件；H 为 Hardware，硬件；E 为 Environment，环境；L 为 Live ware，人。

1. 人-硬件（L-H）

当提到人的因素时，通常考虑的是人与机器之间的相互作用。它决定着人如何与实际工作环境相互作用，如电脑、电话、传真机等。

2. 人-软件（L-S）

图 1-2 SHEL 模型

L-S 界面是指个人与其工作场所中的支持系统之间的关系，如规章、手册、检查单、程序和计算机软件。

3. 人-人（L-L）

L-L 界面是指工作场所中人与人之间的关系。机组成员、空中交通管制员、航空器维修工程师以及其他运行人员以团队形式工作，并且团队影响对人的行为和行为能力起决定性作用。

4. 人-环境（L-E）

L-E 界面涉及个人与内部、外部环境之间的关系。内部工作场所环境包括温度、周围光线、噪声、振动和空气质量等实际条件。外部环境（对于签派员而言）包括能见度、风、云等。每周 7 天、每天 24 小时运转的航空工作环境越来越明显地对正常生物钟（如睡眠节律）造成干扰。

（五）海恩法则

海恩法则（Heinrich's Law）是德国飞机涡轮机的发明者帕布斯·海恩提出的一个在航空界关于安全飞行的法则。该法则指出，每一起严重事故的背后，必然有 29 次轻微事故和 300 起未遂先兆以及 1 000 起事故隐患。该法则强调两点：一是事故的发生是量的积累的结果；二是再好的技术，再完美的规章，在实际操作层面，也无法取代人自身的素质和责任心。

它给我们的启示是：假如人们在安全事故发生之前，预先防范事故征兆、事故苗头，预先采取积极有效的防范措施，那么，事故苗头、事故征兆、事故本身就会被减少到最低，安全工作水平也就提高了。由此推断，要减少事故，重在防范，要保证安全，必须以预防为主。

根据人的因素中多差错概念和民航安全事件的划分原则，事故征候的苗头可进一步细化为严重差错、一般差错和不安全事件，如图 1-3 所示。

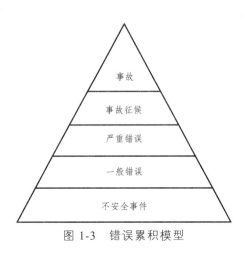

图 1-3　错误累积模型

第二章　信息沟通

在《大英百科全书》中，沟通是用任何方法，彼此交换信息，即一个人与另一个人之间用一定的符号载体作为媒介，所从事交换信息的方法。沟通贯穿人类发展的始终，是人与人交往的工具，是人与人相互信任、形成和谐关系的基础。沟通过程中如何达到有效沟通是人们较为关注的问题。签派员与飞行员是社会关系中比较特殊的一个群体，他们之间的沟通对他们信息传递、情感情绪交流、相互信任都有重要作用。

第一节　信息沟通概述

一、信息沟通的含义及信息沟通的模式

（一）信息沟通的含义

信息沟通（Communication）指信息的传递与理解，即人与人之间以一定的方式相互交换信息、思维以及情感的过程。信息沟通是一个过程，是以达到某一目的而有机地建立关系的活动。

签派资源管理强调的是优化人机界面以及相关人员之间的关系。这些主题包含签派工作分析、有效的团队组成、保持信息传递、问题的解决、决策、保持对情况的了解和自动化的系统使用。签派资源管理应重视签派员在人际交往中的态度、行为和效果。交流的方式有提问、回答、提出建议等。对于交流方面的管理，要考虑到职位、年龄、性格等对交流的影响。沟通交流尽量采取直线方式，应避免相互认为对方应该知道而不进行交流，避免沟通时出现信息遗失或偏差。类似这样的问题，签派资源管理都要予以强调，必要时签派员要提出自己的建议，也要根据手册和公司的相关规定、相关程序、工作流程，及时制定预案、措施，并进行交流、协调和汇报。

（二）信息沟通的重要性

信息沟通的作用在于使组织内的每位成员都能够做到在适当的时候，将适当的信息，用适当的方法，传给适当的人，从而形成一个健全的、快速的、有效的信息传递系统，以有利于组织目标的实现。

（1）沟通可提供充分而确实的材料，是正确决策的前提和基础。

（2）沟通是组织成员统一思想和行动的工具。

（3）沟通是在组织成员之间，特别是领导者和被领导者之间建立良好的人际关系的关键。

（三）信息沟通的原则

（1）准确性原则。当沟通所用的语言和传递方式能被接受者所理解时，这才是准确的信息，这个沟通才具有价值。

（2）完整性原则。信息沟通是手段而不是目的，必须以保证维护组织的完整性为前提。

（3）及时性原则。在实际工作中，常因发送者不及时传递而出现事后信息，使沟通渠道起不到正常的作用。

（4）非正式组织策略性运用原则。在正式组织之外，应鼓励非正式组织信息沟通，共同为达到组织目标而努力。

（四）信息沟通的形式

1. 横向沟通和纵向沟通

信息沟通的形式分为横向沟通和纵向沟通。

横向沟通又称平行沟通，是指处于同一级的组织、单位或个人之间的信息传递和交流。

纵向沟通又包括上行沟通和下行沟通。

2. 单向沟通和双向沟通

从信息发出者与接受者的地位是否变换的角度来看，信息沟通可以分为单向沟通和双向沟通两种。

单向沟通指信息的发出者与接受者两者之间地位不变的沟通方式。

双向沟通指信息的发出者与接受者两者之间的地位不断变化的沟通方式。

单向沟通和双向沟通的优缺点如下：

（1）单向沟通的速度比双向沟通快。

（2）双向沟通在内容正确性上比单向沟通准确。

（3）从外表程序上讲，单向沟通安静规矩，而双向沟通显得混乱而又无秩序。

（4）在双向沟通中，接受信息的人对自己所做的判断比较有信心，对自己的行为有把握。

（5）双向沟通中，传达信息的人感到心理压力较大，因为随时可能受到被试的批评或挑剔。

（6）双向沟通容易受到干扰，缺乏条理性。

3. 语言沟通和非语言沟通

语言沟通可细分为口头沟通和书面沟通。

（1）口头沟通。

优点：简便易行，灵活迅速；辅助运用身体语言（表情、体态、手势），增加了沟通效果；可自由交换意见，及时反馈。

缺点：信息保留时间短；受到口头表达能力的影响；一过即逝，无法回头再追认；信息在沟通过程中易被歪曲。

（2）书面沟通。

优点：具有权威性，正确性，不易在传达过程中被歪曲；可反复阅读、研究；可长期保存。

缺点：对文字的依赖感强，沟通效果受文字修养的影响大；对情况变化的适应性较差。

非语言沟通包括声音的魅力、面部表情、身体姿态与手势行为等。

（1）声音的魅力。

声音的魅力体现在：音调（声音的高低）；音量（声音的大小）；频率（说话的速度）；质量（说话的音色）。

（2）面部表情。

眼睛、情绪与面部表情。

（3）身体姿态与手势行为。

二、案例分析

（一）案例描述

1月30日A、B航班，预计起飞时间分别是09:50、11:50。09:10 B航班正常上客，09:14机组报告管制给出限制、所有飞上海航班180分钟一架。

建议航空公司将 B 航班和 A 航班起飞时间顺延 2 个半小时。现场值班员立即报告值班主任并终止上客，通知地服将旅客带回。现场值班主任随即联系空管，但因华东地区大雾，华东可选备降机场基本饱和，管制还是建议将航班顺延至 12:00 以后；09:42 B 航班上的 38 名旅客不愿意下飞机，候机楼旅客的情绪也开始波动，考虑到春运期间如果航班延误时间太长会造成恶劣影响，现场值班主任通过各种关系联系总调、沿途管制部门，申请优先保障边远长航线航班。10:00 在得到有备降机场保障的情况下决定 B 航班上客。10:22 B 航班推出除冰，10:54 起飞。

B 航班起飞后，现场值班主任又与总调、沿途管制部门进行沟通协调，此时华东地区天气转好，但是因天气造成流控严重，通过协调，允许先上客。11:08 A 航班开始登机，11:40 旅客全部上齐，11:44 关门滑出、除冰，12:25 A 航班正常起飞。避免了两次恶性延误。

（二）案例评论

此次航班延误事件得到了妥善解决。签派人员及时掌握各种信息，与管制部门有效沟通协调，从而避免了恶性延误的后果。根据管制部门给出的流量限制，结合天气信息、目的地机场和备降机场的各种信息及长航线航班的特点，在满足运行条件和保证安全情况下主动与各管制部门建立有效沟通，争取放行优先主动权。

案例讨论题及评分要点：

签派员与管制部门之间在遇到边缘天气时，如何避免大面积延误？

1. 提高签派员、管制员对边缘天气的认识

加强签派员和管制员对边缘天气的认识，提高签派员和管制员对边缘天气状况的敏感度，有利于及时应对不利天气条件造成的延误。

2. 签派员对于边缘天气要有预见性，结合气象部门资料，做好预案

签派员仔细分析气象中心或者气象单位呈递的气象资料，及时发现可能影响航班放行的不利天气条件，做好航班调整、备降场等预案。

3. 签派员与管制员沟通协调

签派员与管制员进行有效的沟通协调，是在不可控的天气条件下减少延误的有效方法。签派员应根据法规和实际情况，积极主动地与管制员进行沟通。

4. 提高管制员的流控管理能力

根据天气条件、目的地机场和备降机场，管制员对于流控的管理及处理能力直接影响到飞机放行优先顺序，同时管制员应该结合相关规定，有效地处理延误航班的排班。

5. 结合实际情况，做出有效决策

签派员和管制部门依照法规，综合考虑天气条件、备降机场和目的地机场的实际情况，进行充分的沟通协调并做出合理决策。

签派员在遇到这种边缘天气的状况下，可采取哪些放行航班的决策依据？

（1）航空法规。

（2）航空公司利益、旅客意愿。

航空公司运控中心以保障航空公司利益为前提，根据旅客对航班延误的不满程度，签派员应尽可能地减少公司的航班延误。

（3）天气条件、目的地机场、备降机场条件。

起飞机场、航路、备降机场和目的地机场天气满足放行条件，机场满足起降条件。

（4）管制许可。

根据法规规定和实际情况，当满足放行条件时，获得管制放行许可。

第二节 沟通方式与技巧

有效沟通是沟通过程的一种理想状态、一种特殊情况，那么这种理想状态、特殊情况的实现过程必然隐含着一系列条件、包含着一些指向。而这些条件与指向既具有沟通的特点，又高于普通沟通存在的条件。这些条件与指向的理想排列、合理搭配便构成了有效沟通的基本结构。

一、沟通的基本要求

沟通主要包括信息发送者、发送的信息、信息传递的媒介、信息接收者、接收的信息、反馈、信息传递时的外界干扰等。这些要素按照一定的顺序进行排列就形成了沟通过程。通过沟通达到的结果大致有三种情况：沟通了但没有达成目的，这样的沟通是无效沟通；沟通了仅达成了部分目的，这样的沟通是低效沟通；只有完全达到沟通之前想要达到的目的与效果，才能算是有效沟通。有效沟通与低效沟通、无效沟通的最大区别在于有效沟通达到了沟通之前想要达到的目的和效果。

（一）有效沟通

从表 2-1 中可以看出无效沟通、低效沟通与有效沟通之间的区别，其中各要素间隐含的条件与指向和各要素之间的合理搭配、理想排列便构成了有效沟通的基本结构。

表 2-1　无效沟通、低效沟通与有效沟通的基本要素对比

要素	无效沟通	低效沟通	有效沟通
信息发送者	主动但消极、不信任对方	主动性、积极性、信任度一致	主动、积极、信任对方
发送的信息	无效、不完整	有缺失、不够完整	完整、有效
媒介	选择不合理	选择不够合理	选择合理
信息接受者	消极、不信任对方	主动性、积极性、信任度一致	主动、积极、信任对方
接收的信息	无效、不完整	有缺失、不够完整	完整、有效
反馈	延时、消极	不够积极、及时	及时、积极
外界干扰	大	较大	较小

有效沟通应具备以下特征：

（1）信息发送者与信息接受者之间要积极、主动并相互信任。

（2）沟通双方的情绪控制良好。

（3）信息发送者采用了正确的沟通方式与技巧。

（4）所发送和接收的信息完整、有效。

（5）沟通过程中选择的时间、地点、距离恰当。

（6）沟通过程中外界的干扰降到了最低。

（7）双方在沟通过程中反馈比较积极、及时等。

（二）良好的沟通方式和技巧

（1）平等待人。待人热情，微笑，适当赞美对方。

（2）要有自信。只有以自信的状态交流，才能赢得别人的信任。

（3）尊重对方。不能强迫对方接受，人各有其性，相互尊重。

（4）信守诺言。言出必行，就会得到支持者和帮助者。

（5）不要保守。告诉自己的体会及经验，也会获得经验和建议。

（6）学会倾听别人的意见。更多的情感交流，缩短双方的距离。

（7）增加直接交流次数。减少书面交流的频率。

（8）先选择能沟通的主题和事情。先易后难，循序渐进。

二、人际需求关系

（一）包容关系

包容关系的待人特征为沟通、融合、协调参与和协同。反之，则为对立、疏远或退缩。

（二）控制关系

控制关系的基本行为特征是支配和依赖。

（三）情感关系

情感关系的基本行为特征是同情、喜爱、亲密、热心和照顾别人。如何建立成功的人际关系？

要建立有效的人际关系，就像在银行存款一样，必须为自己开设一个情感账户，用以存储增进人际关系不可缺少的信赖、礼貌、诚实、仁慈和信用，必要的时候它们都可以发挥作用，即使犯了错误，也可以用这笔储蓄来弥补。

三、团队人际关系的意义

良好的人际关系对于团队的意义主要体现在：

（1）良好的人际关系会增进团队成员的身心健康；

（2）良好的人际关系有助于团队的合作；

（3）良好的人际关系有助于提高团队的工作效率。

（4）成功人际关系的要领：诚信、成熟、豁达。

如图 2-1 所示，成功人际关系沟通的要领在于对关系、协议、制度、过程的把控，形成良性循环。

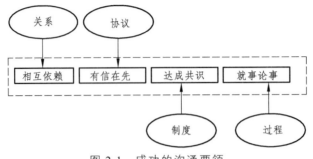

图 2-1　成功的沟通要领

四、沟通的过程

管理沟通是在一个组织的范围内，为了达到组织的目标，围绕组织的管理活动而进行的沟通。管理沟通实际上是管理与沟通的结合体，可谓管理离不开沟通，没有沟通就没有管理。沟通的过程（见图 2-2）包括：

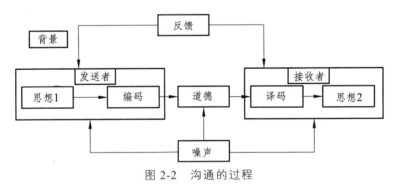

图 2-2　沟通的过程

（1）沟通者，就是思想 1 和编码。沟通者可以根据自己的需求和爱好，向外发出信号和指令。

（2）沟通渠道，即信息传递的媒介。

（3）信息接收者，即思想 2 和译码。

（4）沟通障碍，即噪声。

（5）反馈，即信息接收者对沟通者的提示，使其能够了解信息接收者是如何接收并解读信息的，从而使信息沟通者能及时对传递的信息进行相应的调整。

签派员作为通信联系的中心，要持续地接收和分发信息，并与飞行机组、ATC 和运行环境中的其他人员协调（见图 2-3），在此项工作中，通信联系的技巧和沟通技巧是最重要的。

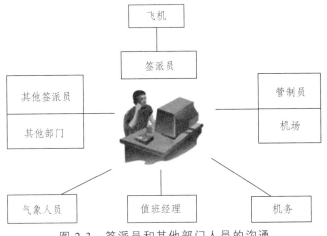

图 2-3　签派员和其他部门人员的沟通

五、管理沟通的分类

管理沟通可以分为以下几类：

（1）人际沟通：人际沟通就是人和人之间的信息和情感相互传递的过程。

（2）群体沟通：当沟通发生在具有特定关系的人群中时，就是群体沟通。

（3）团队沟通：团队沟通是指特定环境中，两个或两个以上的人利用语言、非语言的手段进行协商谈判以达到一致意见的过程。

（4）组织沟通：组织沟通就是涉及组织的各种类型的沟通。它不同于人际沟通，但包括组织内的人际沟通，是以人际沟通为基础的。

（5）跨文化沟通：跨文化沟通是指发生在不同文化背景下的人们之间的信息和情感相互传递的过程。

通用电气前 CEO 杰克·韦尔奇认为管理就是沟通、沟通、再沟通，由此可见沟通在管理中的重要作用。而人力资源管理领域沟通的重要性尤为凸显，因此，如何掌握良好的沟通技巧，从而在人力资源管理工作中做到游刃有余已经成为从事人力资源管理工作必须要具备的一项工作技能。

六、案例分析

（一）案例描述

2013 年 4 月 19 日，××（石家庄—广州）航班经协调未备降。××（石家庄—广州）航班，因公司计划延误 6 个多小时，放行签派员根据天气预判在航班应加油量的基础上多加了 1 800 千克燃油，飞机于 15:29 起飞后在之前空管未有任何通知的情况下，飞至衡水上空，带班主任接到通知"广州区域限制不接收该航班"，同时北京区调已指挥该飞机备降济南。在当日值班经理的带领下，签派员第一时间向广州区域了解原因，积极协调总调、华北区调、济南进近和塔台、广州区调等管制单位，同时保持与机组的联系，并将协调情况及时地通报机组，计划席位持续监控飞机位置、油量、高度，经过大家通力配合，积极协调，终于在 16:30 取消了对××航班的限制，多加的 1 800 千克额外油量正好保障了该航班的继续运行。

此次案例中签派员在得到备降通知后积极了解情况协调相关单位，同时监控飞机油量位置，对于已知的备降情况可以主动了解、主动协调，避免了一次备降，为公司节约了成本。

（二）案例评论

结合 CCAR-121 法规，简述如何选择备降机场？

（1）对于起飞备降机场：对于双发飞机，备降机场与起飞机场的距离不大于以一发失效的巡航速度在无风条件下飞行 60 分钟的距离；对于三、四发飞机，备降机场与起飞机场的距离不大于以一发失效的巡航速度在无风条件下飞行 120 分钟的距离。

（2）对于目的地备降机场：如果天气实况报告、预报或两者的组合表明，在航空器预计到达目的地机场时刻前后至少 1 小时的时间段内，该机场云底高度和能见度符合下列规定并且在每架航空器与签派室之间建立了独立可靠的通信系统进行全程监控，则可以不用选择目的地备降机场。

① 机场云底高度至少在公布的最低的仪表进近最低标准中的最低下降高（或决断高）450 米或在机场标高之上 600 米，取其中较高值。

② 机场能见度至少为 4 800 米或高于目的地机场所用仪表进近程序最低的适用能见度最低标准 3 200 米以上，取其中较大者。

（3）对于航段上的备降机场：被降机场距离目的地机场不宜过远，以免备份油量过多而影响业载；备降机场的天气在年内的稳定期较长；机场跑道能降落所飞机型，并有一定的飞机维护能力；备降机场最好在所飞航线上或附近，没有航路上的浪费。

总结：飞行签派员在第一时间向广州区域了解原因之后，积极与总调协调，华北区调、济南进近和塔台、广州区调等管制单位，同时保持与机组的沟通协作，并将协调情况及时地通报机组，计划席位持续监控飞机位置、油量、高度，通过班组成员的配合努力，避免航班的备降，赢得了机组的充分信任，同时为公司节约了成本。

第三节 沟通障碍的预防与克服

一、管理沟通的障碍

1. 表达不清楚

第一，管理者在沟通过程中不分对象，语言晦涩难懂，让人不知所云；第二，管理者在沟通中措辞不当，中心思想表达不清楚，思想表达不严密，让人产生误解。

2. 缺乏尊重

管理人员在沟通中不专心、不耐心、态度不友善、不真诚是对沟通对象缺乏尊重的表现，这些做法会增加沟通难度。

3. 顾虑太多

顾虑重重往往导致信息被粉饰后才传递，或者本应平级间沟通的信息有意推给上级，或者干脆将信息故意搁置起来不传递出去。

4. 关系不清

管理人员没有搞清自己的职权关系、职能关系和协作关系，对传递什么信息、给谁传递、什么时间传递、采用什么方式传递等含混不清，导致该收到的信息被漏掉了，该在第一时间传递出去的信息被延误了，这严重影响到工作效率。

二、人力资源管理中人际冲突

人际冲突是指在人力资源管理过程中由于人们的生活背景、年龄、教育与文化等多个方面的差异，导致人们知识构架、价值观念沟通出现障碍，增加了彼此相互合作的难度，严重者会产生争执。要实现人力资源管理优势最大化，促进企事业单位的和谐发展，必须了解人力资源管理中人际冲突产生的具体原因。

（一）个体主观差异

个体主观差异是指由于组织内部员工的个人在家庭背景、文化教育、经验等多个方面存在巨大的差异而形成不同的知识与价值观念，从而导致不同的人对同一件事的理解与态度形成巨大的差异。

（二）信息不顺畅引发人际冲突

信息传递方面出现问题是引起企事业单位内部员工发生冲突的主要原因。

（三）外部环境的影响

受文化素养以及员工在工作过程中扮演的角色的影响，员工在充满紧张与压力的环境下容易激化矛盾。

（四）人力资源管理中的人际冲突

1. 具体目标引起的冲突

这种冲突是指冲突的两个或多个当事人因某件事情的结果或目的而发生互不相让、不容调和的矛盾，成绩相差无多的人群竞争尤为明显。

2. 情感引起的冲突

在人力资源管理过程中情感引起的冲突往往发生在上下级或者地位不平等的员工之间，双方或多方因情感上无法达成一致，语言上的激进更容易导致不可调和的冲突的发生。

3. 个人背景引发的冲突

个人背景引发的冲突是人力资源管理过程中难以调和的一种冲突，往往与两个或多个当事人的性情、经济条件、受教育程度以及价值观念等方面的差异相关。

4. 优势压制引起的冲突

优势压制引起的冲突往往是一种更加直接、更加强制的现象，存在一定的不公平性。发生这种冲突的双方中的一方可以凭借自己的优势对另一方进行强行压制，从而引起另一方的极度不满，双方各不相让而引发冲突。

5. 现实问题引起的冲突

在人力资源管理过程中此种人际冲突与具体的工作分配、规章制度等相关，多数与工作中的责任推卸相关。

（五）人际冲突的解决策略

（1）回避正面人际冲突，强化企业文化。

（2）运用折衷理念，促使冲突双方进行良性沟通。

（3）在制定详细的企业章程的基础上实行强迫解决的策略。

（4）最大限度地迁就人际冲突，强化鼓励关怀机制。

（5）促成冲突双方的合作，使彼此相互了解。

三、签派员沟通技巧的训练

（一）沟通技巧

1. 信息收集全面性

该原则要求所搜集到的信息要广泛、全面完整。只有广泛、全面地搜集信息，才能完整地反映管理活动和决策对象发展的全貌，为决策的科学性提供保障。

2. 建立积极的人际关系

在现代社会，人脉就是生产力，良好的人际关系可以给你带来很多意外的帮助和收获，因此要学会建立良好的人际关系。

3. 通过协作方式解决人际冲突

冲突一旦发生就要求给予调解，当签派员自己无法解决冲突时，签派团队就要及时出面。在调解时，要注意态度方式，如言辞不可过激，态度要诚恳，不要使冲突扩大化。作为协作学习的主要设计者和指导者，应努力做到一视同仁地对待每一个小组成员，要确保与尽可能多的成员之间互相畅通，给予弱势成员更多循循善诱的关爱和耐心，以达到润物细无声的效果，要以自身良好的形象和人格魅力影响他人，引导签派员以积极健康的心态对待其他成员，保持宽容之心，在和谐的气氛中共同发展进步。

4. 确保收听者已准备就绪并能够接收信息

与沟通对象沟通前，应确保对方注意力足够集中，以及对方不被外界或者环境困扰。

5. 适当地选择什么、何时、如何以及与谁进行沟通

沟通的时机、地点会极大地影响沟通的效果，良好、轻松的沟通氛围会有效促进沟通的效果。

6. 清晰、准确、简洁地传达信息

沟通要确保对方能够准确掌握传递的消息，采用简洁、清晰的沟通方式，从而达到最佳的效果。

7. 提供关键问题，做出清晰简明的回答，确认收听者正确理解重要信息

沟通应避免繁文缛节以及没有主题的闲话，提供沟通的关键问题与环节，从而使接收者可以正确理解沟通的关键信息。

8. 在接收信息时积极倾听并表示已经理解对方信息

沟通时接收者应采用积极的态度，用心倾听对方的信息，并对已经接收的信息用心理解。

9. 询问相关的有效问题

沟通时采用相互询问的方式，可以有效解除对方的隔阂，从而使沟通效果最大化。

10. 遵守标准无线电话用语和程序

使用无线电通话、陆空通话时，应采用标准、准确的无线电通话用语，从而强化沟通的信息传递。

11. 成熟的语言交流能力

沟通时应采用成熟的语言交流，只有心智趋于成熟的人，才能够具有灵活、准确运用语言的能力，才能说出并达到"成熟的沟通"。

（二）如何开展训练

根据调查，签派员在工作中与机组的沟通最多，其次是空管单位，因此在情景设置时，应多设置与机组、空管的沟通交流情景。教员可设置以下几类情景：

（1）与飞行员沟通：向飞行员做飞行前讲解、就飞行中某一问题（如返航、备降）与飞行员进行陆空通话。

（2）与空管人员沟通：拍发 AFTN 电报、与管制人员通话等。

（3）与其他人员沟通：飞行机械师、机场管理单位、客舱机组等。

（4）学员训练：根据所设置的情景，教员进行角色扮演，担当机组成员或管制单位人员，与学员就情景中的问题进行沟通交流，在沟通交流中，力求做到使用标准术语、内容简明清晰。

（5）教员点评：训练结束后，教员需对学员在沟通中出现的问题进行指正，对于学员沟通技巧掌握薄弱之处，增加训练。

四、人际冲突管理

人际冲突管理（Interpersonal Conflict Management）是指角色期望对象和角色期望的发出者之间的沟通等行为问题。广义的人际冲突可界定为两类冲突：

（1）在某些实质性问题上的不相容的利益。

（2）包含负面的情绪，如不信任、恐惧、拒绝和愤怒等不相容的行为。

虽然两类冲突通常互相作用，混杂在一起，但处理两类冲突的方法却有很大的区别。处理前者必须着重问题的解决，如采取合作与谈判的方式，有利于增进冲突双方的利益；而对待后者则强调修正冲突双方的观点和正面关系的培养。一般来说，第三者的介入可以帮助解决上述两类冲突，例如劳资冲突之间的调停者或仲裁者，部门之间冲突中的总经理等，都是解决冲突的力量，冲突管理有各种方法，包括回避、平滑、强迫、妥协与合作。

1. 妥协

妥协是指在冲突双方互相让步的过程中以达成一种协议的局面。在使用妥协方式时应注意适时运用，特别注意不要过早采用这一方式，如果过早会出现以下问题：

（1）管理者可能没有触及问题的真正核心，而是就事论事地加以妥协，因此缺乏对冲突原因的真正了解。在这种情况下妥协并不能真正地解决问题。

（2）也可能放弃了其他更好的解决方式。

妥协是谈判的一个组成部分。谈判是指两个以上的个人或团体彼此有着共同且相互排斥的利益，通过讨论各种可能达成协议方案的过程。维（M. Ways）关于妥协在谈判中的作用持以下观点："谈判已成为自由社会中不可缺少的必要程序。它使我们在妥协彼此的利益冲突时，了解到彼此的共同利益，而这种方法几乎比人们截至目前所采取的其他方法更为有效。"

这种解决冲突的管理方式适用于以下情况：对双方而言，协议的达成要比没有达成协议更好；达成的协议不止一个。

2. 回避

回避是指在冲突的情况下采取退缩或中立的倾向，有回避倾向的管理者不仅回避冲突，而且通常担当冲突双方的沟通角色。当其被要求对某一争论表示态度时，他往往推托说："我还没有对这一问题做深入的了解"或"我必须收集到更多的资料"等。管理者采取这一态度并不能解决问题，甚至可能给组织带来不利的影响，但在以下情况下采取回避的管理方式可能是有效的：

（1）冲突的内容或争论的问题微不足道，或只能暂时性的，不值得耗费时间和精力来面对这些冲突。

（2）当管理者的实际权力与处理冲突所需要的权力不对称时，回避的态度可能比较明智。例如，作为一名中低层管理者面对公司高层管理者之间的冲突时，采取回避的方式可能会好一些。

（3）在较分权的情况下，下级或各单位有较大的自主权。

3. 平滑

平滑是指在冲突的情况下尽量弱化冲突双方的差异，更强调双方的共同利益。采取这一方式的主要目的是降低冲突的紧张程度，因而是着眼于冲突的感情面，而不是解决冲突的实际面，所以这种方式自然成效有限，当发生以下情况时，采取平滑的管理方式可有临时性的效果：当冲突双方处于一触即发的紧张局面；在短期内为避免分裂而必须维护调和的局面；冲突的根源由个人的人格素质所决定，企业目前的组织文化难以奏效。

4. 强迫

强迫是指利用奖惩的权力来支配他人，迫使他人遵从管理者的决定。在一般情况下，强迫的方式只能使冲突的一方满意。经常采用此种管理方式来解决冲突是一种无能的表现，有此倾向的管理者通常认为冲突是一方输另一方必然赢，当处理下级的冲突时，经常使用诸如降级、解雇、扣发奖金等威胁手段；当面临和同级人员之间的冲突时，则设法取悦上级以获得上级的支持来压迫冲突对方，因此经常采用这种解决冲突的管理方式往往会导致负面的效果。在以下情况下，这种方式具有一定的作用：必须立即采取紧急的行动；为了组织长期的生存与发展，必须采取某些临时性的非常措施。

5. 合作

合作是指冲突双方愿意共同了解冲突的内在原因，分享双方的信息，共同寻求对双方都有利的方案，采用这一管理方式可以使相关人员公开地面对冲突和认识冲突，讨论冲突的原因和寻求各种有效的解决途径。在下述情况下适于采取合作的管理方式：相关人员具有共同的目标并愿意达成协议；一致的协议对各方有利。高质量的决策必须以专业知识和充分的信息为基础。

采取合作管理方式应遵守以下原则：

（1）在焦点问题上，双方要相互沟通和反馈。

（2）在分析问题和制定可行性方案之后考虑妥协。

（3）在认真检查自己想法的基础上，了解对方的想法。

（4）不要事先设定对方的人格，如缺乏涵养、粗暴无礼、神经病等。

（5）目前所做的永远比过去重要。

利用合作的方式有效管理冲突必须以上述原则为依据。虽然合作的方式被认为是最佳的方式，但前四种也有其适用的情况。对冲突双方来讲，有时需要通过第三者的协助来促进达成合作的方式。

令我们困惑的是，为什么采取合作方式解决冲突明显有效，但不被广泛采用呢？其主要原因如下：

（1）由于时间的限制，冲突双方难以彻底了解和面对隐藏在冲突中的内在问题和原因。

（2）采用合作方式的过程与群体的规范不相容。

此外，采用合作的方式还要受到组织文化和领导形态的影响，一般来讲，实施参与管理的组织中的管理者比采用集权式的管理者更易于采用合作的方式。即使在适合合作的组织文化中，合作的方式也只是在计划、政策制定等方面最为有效，当冲突内的情绪化因素过多时，采用合作的管理方式反而会导致更大的冲突。

五、案例分析

（一）案例描述

2013年4月26日，A（天津—长沙—昆明）航班早晨从天津出港飞往长沙，因为目的地天气原因到合肥备降，待长沙天气转好继续执行后续航班。降落昆明后，机组反应如果继续执行任务飞行时间将超出几分钟，后经相关人员解释机组同意继续执行航班，但在昆明耽搁的地面时间加剧了后续航班的延误。

4月26日早晨长沙大雾，按照天气实况与预报的组合放行飞机，在航班预达时刻长沙机场将达到落地标准。实际上在预计到达时刻 09:00，天气虽明显好转但还没有达到落地标准，故飞机中途调转航向去合肥备降。备降航班 09:42 在合肥落地，10:48 在合肥起飞，12:19 降落长沙，之后继续执行航班任务飞往昆明。飞机降落昆明后将继续执行 B（昆明—合肥）航班，15:41 航班在昆明落地，16:10 机组反映如果继续飞往合肥有可能超出飞行时间，签派将此情况通知给机组资源管理计算机组时间，按照昆明飞合肥的预计飞行时间，航班降落合肥后机组当天飞行时间将超过 8 小时。经过不断沟通，飞行员同意继续执行任务，18:36 在昆明关舱飞往合肥，加剧了后续的 C（合肥—昆明）航班、D（昆明—长沙—天津）航班的延误。

按照当日机组计划由两人机组执行 A（天津—长沙—昆明）航班和后续的 B（昆明—合肥）航班，计划执勤时间约 10.5 小时，计划飞行时间 6 小时 25 分钟。符合 CCAR-121 部第 121.483 条关于两人制机组的执勤期限制和飞行时间限制。由于实际飞行中改航备降的原因增加了飞行时间，机组认为若按原机组计划执行航班，将面临超出第 121.483 条关于两人制机组不超过 8 小时飞行时间的限制。但是第 121.489 条对第 121.483 条的规定做了进一步的解释说明："b）合格证持有人安排飞行机组成员的飞行时间时，如果正常情况下能够在限制飞行时间内结束飞行，但由于运行延误，所安排的飞行没有按照预计时间到达目的地，超出了飞行时间限制，则不认为该飞行机组成员在排班时超出了飞行时间限制。"第 121.481 条对"运行延误"进行了解释："（5）运行延误，是指由于出现恶劣的气象条件、飞机设备故障、空中交通管制不畅等客观情况而导致的延误。"案例中天津—长沙航段由于长沙天气原因备降到合肥，由合肥返回长沙时预计飞行时间不会超过 1 个小时，但当天由于航路上流量控制飞行时间超出预计时间 30 多分钟。上述原因均属于"运行延误"，故参照第 121.189 条 b）款的规定，案例中机组提出的飞行时间超限问题不成立。

签派员需要加强对法规的理解，发生延误时辨明延误原因、断定延误性质，再对机组的飞行时间限制进行界定。另外，根据第 121.489 条 a）款的规定需对实际运行中飞行机组成员的值勤期限制特别关注："a）合格证持有人安排飞行机组成员的值勤期时，如果按照正常情况能够在限制时间内终止值勤期，但由于运行延误，所安排的飞行没有按照预计时间到达目的地，超出了值勤期的限制时间，则不认为该飞行机组成员在排班时超出了值勤期限制。但是，应当遵守本规则第 121.483 条和第 121.485 条的规定，值勤期的延长最多不超过 2 个小时。"当发生运行延误存在机组执勤期超时风险时，签派控制人员要特别关注，及时与机组人员沟通制定预案，在值勤期超时前进行航班或人员的调配，避免超限事件的发生。签派员自身应通过知识结构的构建和工作经验的积累逐步培养情景意识，及时发现风险源并积极组织运行控制中心（AOC）的各项资源预防化解。

（二）案例分析评论

　　签派放行前应当确认相应的天气实况报告、预报或者两者的组合，签派放行单中所列的每个机场的天气条件，在飞机预计到达时处于或高于经批准的最低标准。案例中的早出港航班按照天气实况与预报的组合符合放行条件。但由于天气的不确定性较大，辐射雾消散受地面升温的影响，消散的准确时间较难判断，一旦地面明显升温雾气会迅速消散。案例中的天气现象反映了这一特点。故类似天气的放行需更加谨慎。建议当按照天气实况与预报结合放行时，可按照预报转好时间控制机组登机，机组登机后长航程航班待实况呈较明显转好趋势后再申请起飞；短航程航班控制飞机在实况接近或达到标准后再起飞。加强签派控制的沟通与协作，减少因天气预报误差而引起的备降返航。

第三章 决 策

运行控制是指合格证持有人使用用于飞行动态控制的系统和程序，对某次飞行的起始、持续和终止行使控制权的过程。航空公司运行控制中心是由航空公司有关人员、设备设施、规定和程序组成的一个独立的运行机构。它是公司最高领导授权的全天候运行代表，是公司组织实施飞行、处理不正常及紧急情况的指挥中心。它的有效工作程序、运行管理规则和信息处理方法，能保证及时有效地行使运行控制的责任。运行控制中心由紧密支持飞行运行的各个专业代表组成，是公司内部和外部的运行、通信和决策中心。签派员是运行控制中心的核心，他在每天的工作过程中要做出大量的决策，如航班是否放行，备降机场如何选择，遇到紧急情况的航班应该如何处置等。但签派员所面对的信息有时简单，有时复杂，有时信息在传递的过程中可能会出现"衰减"现象，那么签派员所获取的信息甚至是不完整或者不全面的。再考虑到签派员当前的工作状态，以及工作负荷、工作经验和情景意识等因素，签派员要提出合理的决策方案有一定的难度。因此我们不难发现，研究决策过程、分析影响决策的因素、提出具有参考价值的提升决策质量的方法，对于保障飞行安全与效益有着绝对的价值与意义。

第一节 决策概述

一、决策团队

运行控制中心的决策团队如图 3-1 所示。

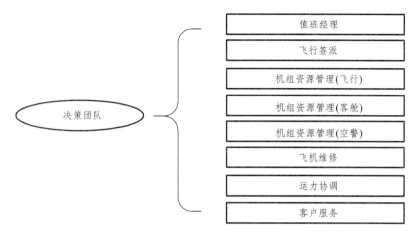

图 3-1　运行控制中心决策团队

　　其中，值班经理是日常运行管理的组织和执行者，包括对正常运行和不正常运行的监控和决策，负责 AOC 各值班席位人员的管理工作，并根据公司领导的授权，对日常运行进行决策。飞行签派是整个运行控制中心的核心，运行中所有的信息都要通过飞行签派员集中并参与决策。

二、决策的定义和过程

　　我们将签派员的决策定义为：签派员为了确保飞行安全、正点与效益提出目标、收集情报、拟订方案、评估优选方案以及实施方案，由于信息是不停变化的，所以实施过程实际上是一个控制和追踪、修正的过程。签派员的决策是指在判断的基础上从众多的可选方案中选择唯一方案并导向行动的过程。签派员的判断是指签派员在做出决策的过程中所进行的一切心理过程。

　　通过图 3-2，我们能更好地理解决策的定义与过程。我们认为，决策过程包括提出目标、收集情报、拟订方案、评估优选方案、实施方案等五个步骤。

（一）提出目标

　　提出目标是签派员进行决策的第一步。签派员做出决策需要进行安全、正点与效益三者之间的平衡，而提出目标就是签派员需要对飞行的安全、正点与效益之间进行一个总体的把握。同时，提出目标这一步骤还受到签派员所处的外部环境和签派员自身的内部环境的综合影响，外部环境比如公司的氛围、班组的协作情况、工作负荷等，内部环境比如当前的情绪状态、身体情况等因素。例如公司的企业文化以及公司现阶段的主要目标将对签派员做出的决策有非常大的影响。年初时，公司在保证安全的前提下主要考虑飞行的效益和正点，签派员在放行航班时把握安全余度就可能比较小；年底时，公司主要保证全年的安全目标，那么签派员在放行航班时把握安全余度就可能比较大，有风险的航班能不放行就不放行。另外，正点也是签派员需要考虑的一个指标，比如在年初时公司能容忍多个航班同时延误一个小时，但在年底时公司可能只能容忍一个航班深度延误，而其他航班基本正常。

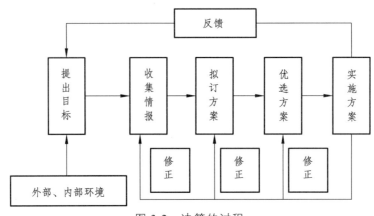

图 3-2　决策的过程

（二）收集情报

在确定目标以后，签派员为了达到既定的目标，就需要去收集有关的情报与信息。在收集情报的过程中，可能需要利用自动化系统来捕捉涉及飞行安全的动态信息，也可能需要利用同伴甚至是管制员的资源来提高自己对于当前情景的处境意识，还需要运用已有的知识和经验来获取有关问题解决的方法。情报收集的越完整越及时，对签派员做出正确的决策越有帮助。那么怎样才能收集得越完整越及时呢？这个过程中需要签派员有很强的沟通和协调能力，并且系统的自动化程度越高越有帮助。

（三）拟订方案

在收集情报的基础上，签派员对当前航班飞机的位置、剩余燃油、飞机状况、人员信息、空管限制等情况都有了一定的了解，并会预测可能的发展趋势，然后拟订解决问题的方案，最后报机组和值班经理评估优选方案。当然，在该阶段中丰富的专业知识与经验是必不可少的。

（四）评估优选方案

评估优选方案的过程,实际上是对每一种方案是否能达到目标进行评价。而评估每一种方案能否达到目标取决于签派员个人经验、工作能力、认知水平和思维能力的不同,同时也取决于团队配合方式和工作方式的不同,以及工作氛围的不同。签派员需要在前面工作基础上,在众多备选方案中选择出能解决当前问题的最佳方案。

（五）实施方案

在实施方案的过程中,需要签派员不断去监控航班的位置、燃油、气象和情报等信息,当情况发生改变以后,要及时通报机组和值班经理,相应的备案和处理方式也都会发生变化。实施方案不是决策过程的中止,应该是对各环节进行监控、不断循环的过程。

决策往往不可能一次完成,而是一个迭代过程。决策可以借助于计算机决策支持系统来完成,即用计算机来辅助提出目标、拟订方案、评估优选方案等工作。

三、案例分析

（一）案例描述

2011 年 4 月 26 日, A（北京—昆明）航班计划北京时间 21:00 起飞, 由于前段航班流控顺延, 航班实际起飞时间为 21:36, 预计到达昆明时间为次日凌晨 00:34。航班起飞后一直正常运行, 直到 23:58, 签派员接到机长通知,该航班因为有一名旅客突然昏迷, 紧急前往重庆备降。签派马上向重庆站调核实情况, 站调刚接到此航班备降通知, 并且该航班很快就要在重庆落地了。签派马上通知重庆现场和该航空公司重庆签派联系急救车接机, 并通知了AOC 地服值班经理, 安排地服人员做好旅客服务工作, 00:06 飞机在重庆落地。

此时, 签派面临第二个问题后续航班如何处置。由于昆明机场凌晨 02:00 关闭, 重庆飞昆明航线时间为 1 小时 10 分钟左右, 所以如果备降后的航班继续飞往昆明, 重庆必须在 00:50 起飞, 也就是说从现在开始在重庆的过站时间只剩下 40 分钟, 并且还面临着处置病重旅客的特殊情况。签派分析目前有两个方案可以选择:一是航班取消, 在重庆过夜, 第二天早晨补班, 这个方案的弊端是受机组执勤期限制。由于是凌晨以后取消, 次日补班时间会非常晚，此飞机次日执行的后续航班会长时间延误。二是抓紧时间过站，尽早起飞，争取在昆明机场关闭前落地，这个方案也有风险，如果不能按照计划时间起飞，航班起飞后不能在昆明机场关闭前落地，导致航班再次备降，航班取消旅客更难处置。签派经过综合考虑，决定选择第二种方案，虽然存在风险，但是抓紧保障风险还是可控的，并且可以为公司节省成本。于是打电话给机长，说明情况，建议抓紧过站，争取在 00:50 之前起飞，机长同意签派的方案。

此时第三个问题出现了，签派对重庆—昆明航段进行重新签派放行，但是制作重庆飞昆明的计算机计划油量时，由于系统故障，做不出该段油量，AOC 系统里也查不到该航段的固定油量，又由于此航线该公司一年没飞过了，也没有历史数据可参考。时间紧，签派马上手工制作简易飞行计划，并与机长电话协商，最后总油量定为 8 000 千克，耗油 3 000 千克，签派按照该油量放行航班。之后签派打电话给现场保障单位抓紧保障。随后联系该公司成都配载中心，由于离港系统输入油量后查不到油量信息，签派通知配载手工输入配载舱单。

00:35 该昏迷旅客已经安排下机完毕，但是托运行李比较多，货运还在找行李，考虑到 10 分钟的滑行时间，签派联系货运，抓紧找行李，在 5 分钟内关闭货舱门，不能继续耽搁。

之后签派与昆明机场进行了协调，讲明了特殊情况，昆明机场同意关闭时间推迟 10 分钟。航班最后于 00:58 重庆起飞，比之前计划的 00:50 晚了 8 分钟，预计昆明落地 02:05，由于昆明机场同意推迟 10 分钟关闭机场，航班最后顺利执行完毕。

（二）案例分析评论

1. 案例方案比较

方案一：航班取消，在重庆过夜，次日早晨补班。

分析：采用此方案，会受到机组执勤期限制。由于是凌晨以后取消，次日补班时间会非常晚，此飞机次日执行的后续航班会长时间延误。

方案二：抓紧时间过站，尽早起飞，争取在昆明机场关闭前落地。

分析：采用此方案，时间比较紧急，如果不能按照计划时间起飞，航班起飞后不能在昆明机场关闭前落地，导致航班再次备降，航班取消旅客更难处置。签派员在处置过程中积极协调相关部门，有效地保障此方案能够顺利实施。

此航班能够顺利执行，需要签派员的果断决策。在航班运行过程中，签派的决策往往起到决定性作用，有时候一个成功的决策能够为公司节约巨大的运行成本。

2. 决策过程

从这个案例，我们可以看到签派员决策的五个典型步骤：第一，提出目标，是否要保证后续航班的正点，减少公司的经济损失；第二，收集情报，了解机组执勤时间、重庆机场的地面保障情况和昆明机场关闭时间等情报；第三，拟订两个方案；第四，就优选评估方案，为了目标的实现，决定按照方案二实施；第五，实施方案，在实施的过程中能很好地理解"决策往往不可能一次完成，而是一个迭代过程"。

第二节 决策的因素

在了解了决策的定义和步骤以后，要提高签派员的决策质量，就必须去分析影响决策的因素。在此我们将从个人方面和团队方面来分别进行讨论。

一、个人方面

（一）工作负荷

签派员工作负荷是指签派员在单位时间内承受的工作量，它体现了对签派员工作任务在数量和质量上的共同要求。签派员工作负荷是制约签派工作质量的关键因素之一，不适当的工作负荷会导致签派员难以有效地履行其职责，从而影响飞行运行安全。

签派员的工作负荷可分为客观工作负荷和主观工作负荷。由于执管航空器对签派员形成了客观任务需求，签派员为满足这些需求承受了身体上和精神上的压力，这些压力可以转化为时间上的消耗，通过时间消耗来缓解其所承受压力和完成客观任务的要求，这个时间消耗的长短就是签派员工作负荷的大小。影响客观工作负荷的因素有很多，包括工作职责、工作标准、软硬件系统、签派放行航线的复杂程度、席位航班设置等因素。主观工作负荷是指签派员在执行签派放行监控任务时所承受的心理压力，也可称心理负荷、精神负荷。影响签派员主观负荷的因素有很多，主要包括工作的难易程度、身体能量的消耗、时间的紧迫度、努力程度、绩效满意程度、受挫程度等。

签派员的工作负荷过小或过大，都会使工作绩效下降。

（二）经验

经验对签派员的决策水平也有着重要的影响。辩证唯物主义认为，经验是在社会实践中产生的，它是客观事物在人们头脑中的反映，也是认识的开端。经验有待于深化，有待于上升到理论，理论源于实践，实践又检验理论，循环往复，不断演化。

经验决策也称为直观决策，是决策者根据个人的知识、智慧、胆略和经验进行的决策。有时决策者也听取智囊人物的意见，但这些人物也是根据自己的经验和智慧提供咨询和参谋。经验决策的主要特点是重复性和表面性。重复性是指现实的决策问题对于决策者来说，总是同以往出现过的决策问题有某种程度的相似性。表面性是指决策者按所收集的各种信息要素，同以往的记忆经验有表面的类同性。

一般来说，我们认为：经验在一定程度上能够提高签派员的决策质量和水平。因为在处理陌生的情景时，人们只能采用"自下而上"的信息加工方式，即对信息进行充分分析的基础上，根据现有资源和条件产生备选方案，并评价备选方案的优劣，最后选出相对比较好的方案。在处理已经遇到过的情况时，往往采用"自上而下"的信息加工模式，即把已有的解决问题的模式移植过来解决新的问题。这样的信息加工方式简化了对信息搜寻、分析和处理的过程，可以说是大大加快了签派员决策的速度。因此我们认为在一般情况下，经验所带来的影响往往是正面的。

（三）疲劳

疲劳是人在工作中由于经受的活动力度较大或时间较长而产生的工作能力减退的状态。从生物学上看，疲劳是一种自然的防护性反应。因为人在工作和活动中，需要消耗储备能量和资源。活动力度越大、时间越长，消耗的能量就越多。若能量消耗得不到及时的补充而继续进行活动，就会对机体有害。表 3-1 是疲劳在生理和心理方面的一些症状。

表 3-1　疲劳在生理和心理上的症状

生理方面		心理方面	
体温	下降	记忆力	下降
体力	下降	交流表达能力	下降
眼睛的视力	下降	眼睛跟踪能力	下降
血液循环量	下降	注意力集中时间	下降
肌肉中的糖原	下降	个人自理能力	下降
肌肉控制与协调	下降	活动	下降
血糖	上升	合作	下降
瞳孔对光的反应时间	上升	接受批评	下降
		反应时间	上升
眼睛的疲劳程度	上升	错误和疏忽	上升
心率	上升	易怒、焦虑、抑郁	上升
视觉的调节时间	上升	决策	下降

　　因此，疲劳对签派员的决策的影响肯定是负面的，要想签派员在工作中能保持高质量的决策就需要防止签派员的疲劳的发生。而对付疲劳的最佳方法就是休息。

二、团队方面

　　签派员是运行控制的核心，是地面的机组人员。本书所说的团队是指机组、签派员团队、情报人员团队、机务维修人员团队等。

（一）决策过程中的群体思维

　　群体思维理论的创始人詹尼斯对群体思维是这样界定的:群体思维是"这么一种思维方式，当人们深涉一个内聚的小团体中，且其成员为追求达成一致而不再尝试现实地评估其他可以替换的行动方案时，他们就坠入这一思维方式"。通俗地讲，群体思维就是集体决策中决策成员因某种原因而追求表面一致，导致决策失败的思维方式。

　　群体思维在签派员的日常工作中并不少见，比如在签派放行时需要签派员和机长共同决策，机长在公司的地位一般都比较高，说话分量比较重，决策时签派员往往为了维持意见一致或者不想破坏气氛而不愿意坚持自己的意见就是群体思维的显著表现。另外，签派员在遇到紧急情况时都必须向领导汇报，然后共同决策，在这个过程中出现的家长制实际上都是群体思维的具体表现。这样的班组从表面上看是一团和气，班组在决策过程中很少因为意见的不一致而发生争论和矛盾。但这样的班组所做出的决策并不是集众人之所长、在充分考虑各种可能性和权衡各种利弊的基础上做出的，这样的决策往往只是体现了在班组中占主导意见的机长的意见或是领导的意见。

（二）决策过程中的社会懈怠

社会懈怠是指在团体中由于个体的成绩没有被单独加以评价而是被视为一个总体时所产生的个体努力水平的下降现象。其具体表现为个体和集体一起工作时工作绩效下降。

社会懈怠明显减弱了群体的工作效率。减少社会懈怠的有效途径是：第一，不仅公布整个群体的工作成绩，而且还公布每个成员的工作成绩，使大家都感到自己的工作是被监控的，是可评价的。第二，帮助群体成员认识他人的工作成绩，使他们了解不仅自己是努力工作的，他人也是努力工作的。第三，不要将一个群体扩张得太大，如果是一个大群体，我们可以将它分为几个小规模的群体，使得更多的成员能够接收到外在影响力的影响。

三、案例分析

（一）案例描述

2014 年 10 月 25 日，某公司 A320 机型执行成都到北京的航班，备降场选择济南和沈阳。由于北京机场突发大雾不满足落地标准，该航班拉升复飞并按照计划决定备降济南。备降过程中先后出现了非计划等待、济南临时不接收备降等情况。通过签派协调总调、有关机场、管制等部门，机组宣布最低油量后，济南机场接收备降并安全落地。落地后飞机通信寻址与报告系统（ACARS）显示剩余燃油 1.8 吨（公司手册规定 A320 机型最低油量标准为1.4 吨）。

21:00，北京机场实况显示能见度 900 米，趋势预报 21:40 下降为 700 米。签派于 21:04 向机组转发了整点报文，机组于 21:07 确认收到。

21:03，北京机场发出特选电报，显示能见度 900 米，01 号跑道视程为

500 米，签派于 21:13 向机组转发了特选电报。

21:14，北京机场发出特选电报，能见度显示为 800 米，01 号跑道视程为 250～350 米呈下降趋势，36R 跑道视程为 900 米。签派于 21:20 向机组转发了特选电报。

22:00，北京机场能见度显示为 700 米，01 号跑道视程为 500 米，36R 跑道视程为 1 000 米。签派于 22:05 向机组转发了整点天气报文。

22:30，北京机场发出特选电报，显示能见度 700 米，01 号跑道视程为 600 米，36R 跑道视程为 1 500 米。签派于 22:33 向机组转发了特选电报。

22:40，签派向机组通报 01 号跑道已经实施 II 类运行，36R 跑道准备实施 II 类运行。（注：公司 II 类运行标准为决断高 30 米，跑道视程 300 米）

22:42，签派提示机组落地前向塔台通报具备 II 类运行能力。

22:49，签派提示机组，如果在 FAF 点前达不到落地标准，建议机组备降济南。（此时济南为 CAVOK 天，无不接受航班备降通告）

22:50，北京机场发出特选电报，显示能见度 400 米，01 号跑道视程为 175～325 米，36R 跑道视程为 225～600 米呈下降趋势。签派于 22:56 向机组转发特选电报，ACARS 位置报显示剩油 5 200 千克。

22:57，机组通过 ACARS 通报决定备降济南机场，ACARS 位置报显示剩油 4 800 千克。（CFP 计划到济南备降所需耗油为 2 153 千克，所需时间为 52 分钟）

23:02，机组通报签派预达济南时间为 23:50。签派通过 FOC 系统向各联合办公部门通报航班备降情况，并按程序向值班经理、公司值班领导做了报告。

23:15，签派通过 ACARS 位置报监控到飞机预计落地时间推迟，主动向济南站调和济南区调确认并通报航班的备降情况，获知没有收到该航班来济南备降的消息，此时 ACARS 位置报显示剩油 3 800 千克。

23:21，签派按程序通过电话向北京区调、北京近进、北京站调和华北管调确认航班动态，均告知不能及时获取航班动态。签派立即联系总调并获知航班在北京东扇区 6 000 米高度等待。放行签派员向总调通报航班已在北京区域出现了长时间非计划等待，油量比较紧张，要求协调尽快安排航班备降济南机场，此时 ACARS 位置报显示剩油 3 600 千克。

23:22，签派再次询问机组是否确认备降至济南和机组意图。

23:31，机组通报，空管告知济南机场不接受备降。此时，ACARS 位置报显示剩油 3 200 千克。

23:33，放行签派员立即对北京周边可用的机场进行了再次评估，天津和石家庄因大雾天气达不到备降标准，呼和浩特、太原、青岛、大连都已发布不接受备降的通告，根据飞机当前剩油，只能去放行的计划备降机场济南备降。

23:35，放行签派员电话联系济南空管和机场，被告知本场接受备降航班很多，停机位已饱和，只接受紧急情况下的航班备降。签派向机场说明了济南为公司放行计划备降场，如不能接收备降将导致燃油紧张等情况，并要求机场接受公司航班备降，济南机场仍告知因机位紧张不能接受。

23:37，放行签派员再次向总调通报航班出现了非计划等待，如不能去济南备降将出现燃油紧张，机组准备宣布最低油量，要求尽快协调济南协助备降。

23:39，机组通报如果济南不接收，将按管制要求宣布低油量。同时，放行签派员收到济南机场临时发出的航行通告，因机位紧张，23:33 后不接受航班备降。

23:40，签派再次与总调确认，总调已向济南机场协调同意接收航班备降。

23:41，签派将信息通报机组，要求机组备降济南并通知 ATC，ACARS 位置报显示剩油 2 600 千克。放行签派员再次向济南站调与济南机场协调，必须保障航班落地，可以停在滑行道，但济南机场仍未同意接收。

23:45，放行签派员再次与北京总调确认已协调好航班备降济南，要求北京总调协调有关管制单位优先安排在济南落地。签派向机组通报，济南机场要求机组落地后停在滑行道上。

23:47，签派向济南区调协调，要求安排航班优先落地。

23:48，机组通报签派已经宣布最低油量。

23:49，签派与济南站再次协调确认已同意接收航班备降济南。

最后，航班落地后签派通过电话向机组了解情况，并按程序向有关部门和领导做了报告。

（二）案例分析结论

这个案例中的签派员不是一个人，而是多个签派员协同配合工作。这体现了良好的情景意识、沟通能力和决策能力。其中在决策的影响因素方面，每个签派员都具有丰富的经验和扎实的知识，具有很强的工作负荷管理能力，案例一开始是一个签派员接到报告，但他很快能通过领导重新安排分工，将负荷平均分配给其他签派员。另外，团队成员相互配合，工作氛围很好，大家都畅所欲言，能形成合力，做出合理及时的决策。

第三节　提高决策质量和决策能力的方法

签派员的决策质量可以通过系统的训练得以提高，签派员的决策能力也可以通过训练得以提高，为此我们提出以下方法来提高签派员决策质量和决策能力。

一、提高决策质量的方法

（一）良好的计划性

签派员的工作十分繁重，需要签派员同时放行或监控多个航班。因此就需要签派员有良好的计划性，先做什么，后做什么，对自己注意力资源进行有效的管理，这样才能在遭遇意外情况时，能够有充分的时间和精力去进行有效、安全、及时的决策。

（二）良好的交流和表达能力

签派员的决策有时是由不同席位的人员共同完成的，包括机组、情报、地服、机务等。席位之间需要交换意见和看法，这样才有利于做出更加安全和高效的决策。因此，这就需要签派员具有良好的交流和表达能力，应该能够清楚、简洁地表达自己的意见，并能够完整听取别人的意见，善于处理各方面的关系，特别是与管制之间的关系。

（三）创建平等开放的工作气氛

在发觉可能存在的问题时，签派员无论资历、职权如何都有权提出来，并且团队应对任何人的问题都予以重视，这样才使得团队中意见多元化，有助于客服群体效应对个人思维的束缚。同时平等开放的工作氛围也会激励团队中的成员努力工作，使团队的决策更加科学和合理。

（四）高效的自动化系统

航空公司应该建设高效的自动化系统，以减轻签派员的工作负荷并帮助签派员信息收集工作完成得更快更完整，并自动筛选有用和无用的信息，然后辅助签派员做出正确的决策。

（五）提升询问、主张和坚持的技能

首先，签派员要学会运用"优质提问"让双方的沟通能很好地进行下去，那么什么是"优质提问"呢？能让被问者不假思索就乐意回答，并且为其带来新的发现的提问，就是优质提问。提问的分类如图 3-3 所示。

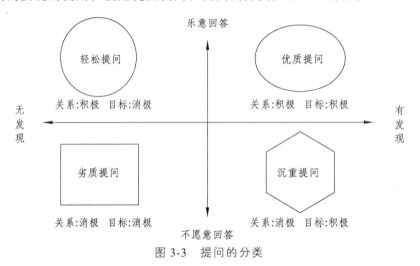

图 3-3　提问的分类

优质提问的特征在于"本质性"，是深入挖掘 5W1H 基本要素的提问：时间（When）、地点（Where）、人员（Who）、对象（What）、原因（Why）、方法（How）。

其次，签派员要善于提出自己合理的方案，这就与知识和经验有关系，也与团队的工作氛围有关。

最后，签派员应该学会当与他人的意见发生冲突时，如何为自己认为最安全的决策而辩护，就是要学会坚持自己合理的方案。

（六）决策模式

决策模式可以使签派员在信息不全或不一致的情况下，参照这些模式来做出合理的选择。决策模式主要分四类，如图 3-4 所示。

理智型决策模式是比较理想的模式，需要决策者了解自己的工作负荷、心理和身体状态，还要充分收集信息和情报，再做出合理的决策。

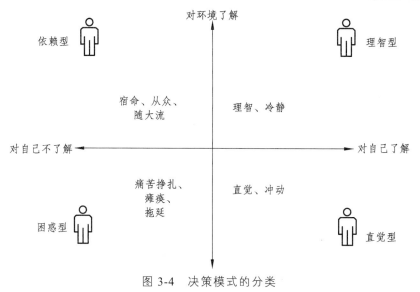

图 3-4　决策模式的分类

依赖型决策模式，一般是指签派员的知识和经验不够，不能单独提出合理的决策方案，只能随大流，听从其他成员的方案。

直觉型决策模式，即签派员的知识和经验都很好，但不了解实际的情况，根据经验就枉下决策。

困惑型决策模式，是签派员的知识和经验都不够，同时又不了解实际情况，做不出决策，只能采取拖延的方法。

二、提高决策能力的方法

签派员的决策能力是准确识别风险并解决问题，使用适当的决策技术的能力。

（一）区分运行情况分析所需的无关和相关数据

签派员在实际工作中会接触大量的信息，这就需要签派员能迅速区分哪些信息是相关的，哪些信息是无关的，这对做出安全高效的决策非常重要。只有信息收集得越准确、越完整、越及时，做出合理决策的概率才越大。这一过程实际上包含在决策过程的第二步"收集情报"中。

（二）在遇到冲突、意外或不完整的信息时做出适当的决策

在信息不完整时，签派员要采用理智型决策模式，利用自己的经验和知识正确推断事态的发展，做出合理的决策。

（三）使决策适应于可用时间

签派员做出决策是有时间限制的，如出现紧急情况，飞机和机组不可能长时间等待。时间长了，情况就会发生改变，原先做出的决策可能又变得不再适用。

（四）考虑到安全、成本和运行稳定的评估选项

签派员在做出决策时要考虑安全、成本和运行稳定的评估选项，类似决策过程的第一步"提出目标"。

（五）使用适当的决策过程和工具

签派员进行决策时要使用适当的决策工具和决策过程。决策过程就是第一节讲述的内容。但签派员目前使用的成熟决策工具很少，大部分的系统和工具只用来收集情报，少部分系统可以帮助签派员识别风险、做出合理决策，如海航的 HORCS。

（六）评估自己的决策以提高绩效

签派员要评估自己的工作负荷、疲劳情况和精神状态，将自己调整到较好的状态以提高工作绩效。

（七）应用正确的信息、关系、系数

签派员进行决策时要利用正确完整的信息，但信息之间的关联度以及每条信息的重要程度都不一样，这都需要签派员来识别处理。

（八）通过选项工作限制截止日期

签派员的工作很多，必须要有计划性，每项工作必须限制截止日期以保证高质量完成。

三、案例分析

（一）案例描述

7 月 10 日，某航空公司 B737-800 执行香港—大连航班。右座副驾驶主

操纵。起飞约 20 分钟后，即将爬升至 10 700 米时，右座副驾驶邀请机长吸电子烟，机长拒绝。为防止烟味扩散至客舱，副驾驶在机组和其他成员未发觉的情况下，准备关闭客舱再循环风扇，但错误关闭了两个相邻的空调组件开关，导致没有引气维持客舱增压。随后不久，出现座舱高度警告，机组误以为自动增压系统出现故障，所以人工关闭外流活门，在座舱高度仍继续增加，随即向管制部门申请紧急下降，并释放旅客氧气面罩。在下降过程中，机组宣布紧急状态"Mayday"，进入最高级别，所有准备都要按最高级别来。这个过程中又与一架外航飞机发生冲突，触发 RA 警告，最小水平间隔 6 千米，高度差约为 100 米，两机均按防撞系统指令做出了避让动作。管制员共指挥 4 架飞机避让，并通报空军。当飞机下降到 3 000 米之后，乘务长报告旅客全部使用了氧气面罩，并告知客舱温度较高。机组这时才发现空调组件处于关闭状态，并立即接通。此时，座舱高度警告消除，机组认为增压可控，又宣布了紧急状态取消。这种情况下可以接受的是，一个人知识上的盲点或者失意都可能造成错误；无法接受的是，在不适航、氧气面罩完全使用完毕的情况下，又申请上升高度至 7 500～8 100 米，继续飞往大连，达 2 小时 37分钟，最后于大连落地。

（二）案例分析

1. 安全作风不到位

副驾驶在驾驶舱内吸烟并试图关闭再循环风扇，操作动作也不通知机长，做交叉检查。这些做法都严重违反了规章要求，安全作风不到位。

2. 理论培训不到位

这次事件，相当于两个严重事故征候，一个是座舱失压；另一个是机组后续决定继续飞往大连的错误处置，都是人为责任。12 分钟的供氧没了，再爬升高度，这个危害可能很大。涡轮发动机飞机用于生命保障的补充供氧要求，对于座舱气压高度 15 000 英尺（1 英尺=0.304 8 米）以上的飞行，在此高度上整个飞行时间内为机上每一旅客提供足够的氧气。

3. 运行签派形同虚设

当日值班签派 A 席位和 B 席位签派员通过系统监控该航班，均未发现高度紧急下降以及后续高度严重不符的情况，不能满足民航局《航空承运人航空器追踪监控实施指南》咨询通告中相关要求，对飞行轨迹垂直剖面异常变化监控能力不足。而且，运控部门和相应岗位的签派员与机组一样，机长在长达 2 小时 37 分的飞行过程中，没有依规做出适当的决策。

总的来看，签派员在情景意识、沟通、决策等方面都存在问题。首先是情景意识，未能及时发现航班紧急下降；其次是沟通，签派员与机组的沟通不畅，未能发现问题；最后是决策，在前两个方面都没有做好的情况下，就谈不上依规做出合理的决策，更别说解决问题。

第四章　签派员工作负荷管理

飞行签派员的日常工作包括在航班起飞前评估航班整体的适航性、制作飞行计划并放行、飞行过程中对航班全程监控，需随时注意涉及航班运行安全的各类信息，并对航班运行的全过程负责。只有对各项工作的变化情境有准确的了解，才能在动态和变化的环境中进行有效的计划或解决问题。在运行环境下，签派员在工作中如何才能保持良好的情景意识和合理安排工作负荷是本章要讨论的问题。在下面的内容中，我们将首先介绍情境意识和工作负荷的概念和水平，然后分析影响情景意识的各种因素，提出其对签派员工作负荷的影响，最后以案例分析的形式来进行情景意识训练，提高签派员自我缓解压力的能力。

第一节　签派员的情景意识

一、情景意识的含义

情景意识是指人在特定的时间和空间内对环境中的关键因素（这些因素主要包括系统的状态、工具和设备的状态、正在进行的任务状态、其他小组成员的状态、环境的状态等）的认知，以及对它们的意义的理解和对环境未来变化的预测。简单地说，情景意识就是：当前情景的状态如何？将来有什么样的变化？在国际上被广泛接受的定义为：情景意识指在一定的时空范围内对环境元素的感知、理解及其未来状态的预判。

人类在发现问题、分析问题和解决问题这一连续的过程中，情景意识是能否及时地发现问题从而解决问题的基础和前提，而警觉水平的高低将直接影响到发现问题的早晚和快慢。因此，情景意识的程度决定了警觉水平的程度。图 4-1 则说明了情景意识在解决问题过程中的地位和作用。

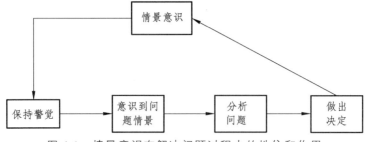

图 4-1 情景意识在解决问题过程中的地位和作用

飞行签派中的运行控制是在极为动态的环境中进行的，其动态程度远高于驾车，与安全相关的许多信息并不是以直观的形式来展现的，签派员必须依靠他们了解和掌握的空中交通运行状况及其未来将会出现的问题，也就是说，签派员必须建立情景意识。签派员情景意识可以定义为：在动态环境下，获取、评估、整理信息，预计可能发生的事故，并在必要时采取措施的能力。

保证飞行安全的重要性和复杂性决定了签派员必须具有较高的情景意识。如果在工作中情景意识下降或者情景意识不完善将可能导致决策错误，直接引发错误的行为，从而导致航空不安全事件的发生。在运行控制过程中，如果签派员丢失了对环境的整体心理图像或者这个图像不正确时，就没有了情景意识，我们称这种情况为情景意识丧失。情景意识丧失是航空领域中十分普遍的问题，情景意识下降或者情景意识不完善往往会影响飞行安全、导致飞行延误、引发地面事故。

工作人员的理解力、判断力和适应性越强，情景意识越高，事故风险就越小，安全系数就越高。

工作人员身体和心理状况不良，经验与操作技能差，领导与管理技能低，导致低情景意识的产生，安全性就低，事故发生的可能性就很大。

工作人员对工作情况的熟悉程度越高，对局面和条件的感知越清晰准确，团队协作能力就越强，情景意识自然越高，这是预防和控制事故发生的有效方面。

二、情景意识的分类

在工作中要想保持良好的情景意识，需要签派员不断收集更新信息，对信息进行评估，对当前的情景进行诊断。情景意识按种类可以分为个人情景意识与班组情景意识，按层次可以分为感知、理解和预判。接下来我们对它进行详细解释。

（一）情景意识的种类

1. 个体情景意识

个体情景意识指签派员在放行监控飞机的过程中，对周围环境的各种因素和条件的知觉，具有个体差异，即个人根据自身的经验、依据相关知识以及所承担的责任获得的情景意识。由于签派员的经验、知识、技能、态度以及任务分工的不同，签派员之间在某一时刻的情景意识是不同的。

2. 班组情景意识

班组情景意识指作为运控服务的班组所具有的情景意识。签派员的工作往往是以班组的形式进行的，在这种以班组取向为主的工作环境中，班组所获得的情景意识水平是一个十分重要的问题。如果班组没有能够获得足够水平的情景意识，将会危及飞行的安全。

班组情景意识不是个人情景意识的简单相加，有效的交流和配合是获得良好的班组情景意识的基础。班组群体的情景意识主要取决于班组长所能获得的情景意识水平。班组情景意识是班组内部成员之间、不同班组之间以及处于不同地域的班组之间通过有效的交流、协作分工和配合获得的所有班组对整个情景的理解和预测。为了提高班组群体的情景意识，班组成员就必须将他的情景意识贡献给班组长，班组长也必须接受和分享班组成员所提供的情景意识，即常说的 1+1>2。

（二）情景意识的层次

第一层情景意识——感知，感知并注意环境中的重要线索或元。形成情景意识的第一步骤是察觉环境中的关键部分的状态、性质和动态变化的特性。签派员需要对工作情景中的关键因素保持敏感。图 4-2 展示了签派员工作环境的影响元素。

第二层情景意识——理解，把第一层次感知到的不同数据和信息融合在一起，确定它们与操作任务的相关性。在此层次上，我们不仅要知道有哪些变化，还要知道这些变化的实质是什么，会对飞行有什么样的影响。

第三层情景意识——预判，根据第二层次对环境的理解，期待预测未来事件及其所带来的问题。第三层情景意识可以使操作者做出及时的决策。

情景意识的形成是一个主动解释信息、整合信息的过程，因此外部因素的变化会直接影响到内部心理因素对信息的处理。班组成员间的信息交流，适当的工作负荷或负荷较轻都有助于情景意识的建立。

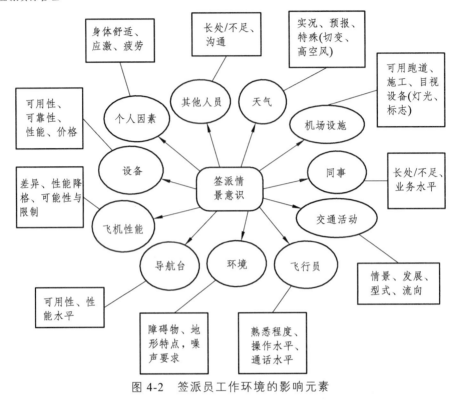

图 4-2 签派员工作环境的影响元素

三、情景意识对安全的影响

情景意识是指识别一个过失链并在事故发生前将其打断的能力。签派员建立起的良好情景意识在维持飞机运行的安全中起着非常重要的作用，可帮助机长随时知晓即将发生的事情，识别并找出失误。情景意识对运行安全的影响与签派员自身的很多因素相关。如签派员的身心状况、技术经验、应变能力等因素都会影响其识别、判断现实状况的能力，影响良好情景意识的建立。能否建立良好的情景意识决定着签派员能否做出正确的决策。决策正确且得到有效实施，就能把事故扼杀在摇篮里；决策错误，任何努力都无济于事，有时错误的决策甚至会火上浇油，导致更大事故的发生。

所以，建立良好的情景意识是预防和控制航空事故发生的有效措施。情景意识对安全的影响如图 4-3 所示，椭圆形区域为事故发生区域，人的情景意识建立得越好，事故发生的风险就越小；情景意识越差，事故发生的风险就越大。签派员在放行航班、对飞机进行全程监控时，都应该建立良好的情景意识。

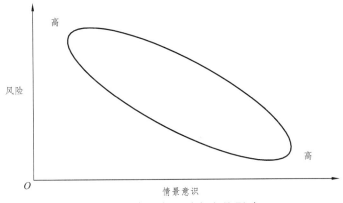

图 4-3　情景意识对安全的影响

四、影响签派员情景意识的因素

在运行控制部门，签派员必须面对多个方面的问题并对其进行察觉和管理。有许多因素影响着或潜在地影响着飞行安全和航班正常率，及时发现和消除这些因素的不良影响是签派员的重要任务之一。在此，借用 Endsley 的信息加工模型来描述情景意识，并对其进行修改以描述签派员在进行动态角色时的情景意识模型。图 4-4 展示了动态决策中情景意识的模型。

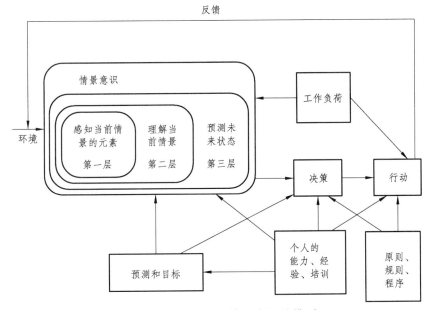

图 4-4　动态决策中情景意识的模型

签派员为了获得和维持情景意识而实施的心理加工过程和行为称为情景评估。情景评估包括操作者为了形成情景意识而实施的所有心理加工过程，这些过程包括感觉、注意、动机、预测、监控、经验、技巧、知觉提取、再认和存储等。因此很多因素都会影响我们的情景评估过程，这些因素包括情景中信息的特性（即这些信息是否容易被我们发现，是否充分和准确）、工作者注意力的分配技巧、工作者的情绪状况、工作负荷等。信息加工模型表明，情景意识与动态、不断演变的情景有关，多方面的因素影响着情景意识的获得和保持。

下面我们列举影响签派员情景意识的一些因素。

（一）签派员的工作能力

签派员的工作能力包括签派员承受工作负荷的能力，签派员的沟通能力，签派员对信息的收集、整合、处理能力等。

（二）签派员的经验和习惯

许多决策和行动是建立在签派员经验和习惯之上的，正确的经验有助于建立情景意识，不正确的经验则容易减弱情景意识。

（三）签派员的工作态度

态度决定任务的完成质量，在工作中保持高度的责任意识、具备良好的安全意识是为每个航班保驾护航的前提。

（四）签派员的身体状况

保持良好的身体状况，是高效率高质量工作的保障。

（五）资源的管理与利用

在自己遇到困难时，要学会利用自己身边的设备、人员、资料、信息等解决问题。

五、签派员情景意识的建立

建立情景意识，即感知并理解所有可用的相关信息，并预见可能影响运行的事件。它具体包括：

（一）确定和评估复杂的业务情况所产生的风险和后果

签派员是在极其动态的环境中工作的，与其相关的气象条件、航空器状态、与空管人员的协调沟通、机场的运行限制、航路条件等都是非常不确定的因素，这些不确定因素增加了签派员业务的复杂度，从而有可能增加运行风险，所以必须对这些因素进行综合评估。

（二）评估可用资源，并且对更改做出响应，调整运行

签派员可利用一切可获得的资源——人员、装备、手册、程序、流程和信息等——来确保飞行安全，AOC 运控大厅的设备布局、系统设置等都会影响运行效果，各航空公司需根据自身情况对操作系统、席位设置布局等做必要调整以提高运行效率。

（三）确定和评估运行的状态（航空器的运行状态、天气情况、NOTAMS 等）

在放行航班前，签派员必须对航空器的适航状态，本场、目的地机场、备降场及各航段的天气情况和未来发展趋势，相关机场的航行通告等进行详细了解，确保所放行的航班可以正常运行。

（四）监视当前运行状况以预见和解决新出现的问题

签派员必须对航班的运行状态进行实时监控，根据此刻航空器的状态、航路天气状况、航行通告、ACRAS 报告等进行评估和判断，为保障航班正常运行提供最新信息。

（五）先于可识别的威胁或风险，充分开发应急计划

一些由于恶劣天气（台风、雷暴、暴雪、超强风等）人为因素等引发的突发事件都会对航班运行造成不同程度的威胁，对此各航空公司必须有一套完整的应急预案措施，日常工作中需对签派员进行应急方面的培训及演练训练。

（六）对运行安全的威胁进行识别以及管理

签派员需对一些影响航班安全的危险源进行识别，并能够进行及时判断，做出合理决策。

理论上讲，情景意识是对环境综合的、有条理的描述，并根据对现实环境的更新不断地进行判断。从实践意义上来讲，情景意识是对周围发生的一切具有清楚的、不断更新的认识和理解。

培养良好的情景意识是预防和控制事故发生的前提。情景意识的建立不是一朝一夕的事情，它需要长时间不断地学习，签派员在不断变化的环境中，必须清楚地知道自己周围发生的一切，保持良好的情景意识，才有可能安全、顺利地完成运行控制任务。

建立良好的情景意识，可以从以下方面入手。

1. 必须掌握情景要素

情景要素指在一定范围内能被感知到的环境或系统动态特征信息，包括视觉信息、听觉信息、触觉信息、嗅觉信息和味觉信息等。其表现形式多为文字、符号、数字、声音、气味和味道等。而签派员主要依据视觉信息和听觉信息来建立情景意识。

（1）视觉信息。

视觉是人类感受外部世界的最重要途径，人脑中约有 65% 的信息是通过视觉获得的，多数人工控制过程中输入的信息也都依赖于视觉。运控大厅中签派员一般是用眼睛直接观察信息，这些信息可信度最高，但受环境和距离的影响较大，能同时获取的信息量有限。

（2）听觉信息。

听觉是仅次于视觉的另一种感知外界信息的重要途径，通过该途径获得的信息占大脑所处理信息的 20% 左右。听觉信息在传播过程中受障碍物的影响较小，获取比较容易。如某航空公司采用计算机先进技术在监控席位安装自动告警服务功能，当有不正常情况出现时及时发出告警的声音，一方面可以避免签派员遗漏重要信息，另一方面促使签派员快速做出应激反应，有利于情景意识的建立。

2. 扎实的理论知识和切身实践的结合

知识是对系统运行规律的客观认识，可通过学习相应课程及阅读相关书籍来获取。在经过一定时间的系统化学习后，签派员能基本掌握这些专业知识。这就保证其能在一定的情景要素刺激下做出合理的判断。

面对日益复杂的航空动态环境，签派人员需不断提高自身的知识储备，完善知识结构，以适应现代民航的要求。实践与知识长期结合就形成了经验。经验是独立于计算机之外的一种对数据信息、环境信息和声音图像信息等进行综合判断处理的能力，是快速制定合理决策的保障。经验很难由先进的技术手段替代，多数都是在漫长的工作和学习过程中对大量重复发生的事件进行总结得来的。

工作记忆是提高工作经验的有效手段，记忆能力可通过长期有意识的锻炼来提高，而长久的记忆往往是在刺激比较强烈的条件下形成的。想要将简单的记忆有效转化成具有普世价值的经验，必须对其进行加工整理，并从中抽取出共性规律。

3. 加强情景意识、决断能力的培训

情景意识、决断能力并不像管制、飞行技能一样比较容易体现、量化和考核，而且情景意识、决断能力的培养、培训也不好展开和标准化，因此有必要制定出一套合适、实用、针对性强的培训方法。

加强特情处置培训，建立、完善标准运行程序是解决此问题的较有效方法；应扩大培训的范围，尽量做到全体签派员能够参加特情培训。

民航院校、航空公司和培训机构要对人的记忆模式、决断程序等思维模式加以研究和应用。

引入新的相关学科知识和培养更加合理、清晰的多向思维模式，有利于提高签派员的整体素质，有利于安全管理体系的建设。

六、情景意识训练

（一）教员设置情景

签派员在飞行动态跟踪的过程中进行各种特殊紧急情况的应对时，对情景意识的要求最高。因此，在进行情景设置时，教员可设置各种复杂的情景：

不正常情况：机场关闭、雷雨绕飞、航班延误等。

特殊情况：航路备降场的选择、高高原机场的着陆等。

紧急情况：飞行中宣布最低燃油、着陆过程中起落架故障、发动机熄火等。

（二）学员训练

根据所设置的情景，学员进行情景问题处理，在这个过程中，教员可指导学员在问题处理过程中时刻问自己三个问题，第一，"我之前做了什么"；第二，"现在是什么情况"；第三，"我将要做什么，会发生什么"。这样能够使学员有效地建立心理图像，保持对飞行动态的情景意识。情景中涉及的角色，由教员扮演。

（三）点评及总结

教员点评，学员进行自我总结，对保持自我情景意识的方法进行回顾并归纳。

（四）案例分析

1. 案例描述

8:00 左右，代号"海燕"的超强台风开始登陆我国海南地区，三亚以及海口机场均受到了不同程度的影响。此次台风的风力强度较大，几乎接近最大强度的 5 级飓风。放行签派员通过与三亚和海口的气象预报员的沟通，以及相关专业台风网站的分析，认为此次台风会对三亚机场和海口机场造成较严重的影响。

当日，执行三亚的有 A（天津—珠海—三亚）航班、B（天津—三亚）航班、C（天津—泉州—海口）航班，经请示值班主任，建议 A 航班在珠海落地后稍等上客，B 航班天津出港机组则稍等进场，均等待三亚天气进一步趋势，而 C 航班泉州落地后稍等上客，等待海口后续天气趋势。

12:00，通过向气象部门了解，海口机场平均风速 16 米/秒，最大阵风 21 米/秒，且天气较稳定，后续会出现中到大雨，但下午可能会减弱；三亚机场情况则不容乐观，平均风速 14 米/秒，最大阵风 22 米/秒，预计风速会持续增加，同时也伴随中到大雨。考虑到台风的发展方向和移动速度，预计次日早过境。

同时，通过向三亚机场了解，三亚本场已取消大部分航班，之前已经起飞并飞往三亚的航班均已备降，且本场伴有风切变。与此同时，海口目前取消航班较少，本场之前有起降，但中午左右正是台风影响较强的时段，本场目前已没有起降航班。

签派员立即将该情况反馈值班主任，建议三亚航班尽早做决定，海口航班可再稍等安排。

13:50，三亚天气持续变坏，平均风速已超过 20 米/秒，最大阵风已超过 30 米/秒，本场中雨。考虑到情况持续恶化，经请示值班领导及征求各相关部门的意见，AOC 决定取消 B 航班和 A 航班的珠海—三亚航段，A 航班机组在珠海安排休息，随后继续执行 D 航班的珠海—天津航段。

此时，海口的平均风速达到 16 米/秒，最大阵风超过 20 米/秒。考虑到台风的影响范围及时间，为保障后续旅客出行，再次请示值班领导及征求各方意见，AOC 决定取消 C 航班的泉州—海口航段，机组在泉州安排休息，随后继续执行 F 航班的泉州—天津航段。

17:00 左右，AOC 接到消息，由于泉州—海口航班独飞，无航班签转且地面旅客处理难度非常大，过站旅客方面很难妥善安排。同时，经向海口气象部门了解，因台风路径转向，海口下午天气有所好转，风速稳定在 10 米/秒，无较大阵风影响，16:00 以后海口有起降航班。考虑到该情况，从大局出发，为了尽可能保障旅客和公司的利益，经商讨决定恢复该航班，继续执行泉州—海口航段。

19:22，机组到位并组织上客。

20:48，关舱推出并起飞。

2. 案例评论

（1）对台风等恶劣天气的掌握，放行签派员应从各方面（不仅限于航空气象网站，应包括各专业气象网站），综合分析并考虑其发展趋势以及移动方向、路径，建立情景意识，密切关注发展和变化，尽可能及时将后续演变趋势提供给签派控制席及值班主任予以参考，最大限度地减小受影响航班的损失。

（2）因商务保障席值班人员对泉州—海口航线不够了解，缺乏情景意识（泉州—海口为公司独飞航线，而且不是每天都有的航班，旅客处理起来有困难），给出了不合适的意见。此次台风虽然对海口机场造成了一定的影响，但由于对后续天气发展的分析和估计不足，使得海口航班被较早地取消。

（3）各保障部门加强沟通交流，由于被影响的航班较多，各签派员应根据自身能力适当分担压力，提供合理建议，保证航班安全。而签派控制席和值班主任没有合理的分担工作负荷，造成当时压力较大，影响了判断（当时涉及海南的航班有 6 个，飞机有 3 个，占公司总运力的 30%）。

总之，如果恶劣天气对航班会造成较大的影响，务必要谨慎做决策，如果没有完全的把握，作为签派运行要严格按照规定掌握放行标准。各保障部门如果能够及时准确地将旅客处理的困难和航班收益等因素提供给签派，也可以避免出现航班取消再恢复的情况。

第二节　签派员的压力管理

一、压力的定义

在当代的科学研究中，压力这个概念至少有 3 种不同的定义。

第一种，压力指那些使人感到紧张的事件或环境刺激。如有一份"压力很大的工作"，即将可能带来紧张的事物本身当作压力。

第二种，压力指的是一种身心反应。比如有人说"我要参加演讲比赛，我觉得压力好大"，这里他就用压力来指代他的紧张状态，压力是他对演讲事件的反应。这种反应包括 2 种成分：一是心理成分，包括个人的行为、思维以及情绪等主观体验，也就是所谓的"觉得紧张"；二是生理成分，包括心跳加速、口干舌燥、胃部紧缩、手心出汗等身体反应。这些身心反应合起来称为压力状态。

最后一种，压力是一个过程。这个过程包括引起压力的刺激、压力状态以及情境。所谓情境，是指人与环境相互影响的关系。根据这种说法，压力不只是刺激或反应，而是一个过程，在这个过程中，个人是一个能通过行为、认知、情绪的策略来改变刺激物带来的冲击的主动行动者。面对同样的事件，每个人经历的压力状态程度却可以有所不同，就是因为个人对事件的解释不同，应对方式也不同。

二、压力因素

导致压力的因素发生了很多变化，也得到了很大发展，现代压力以多种形式存在，主要包括以下几种。

（一）物理压力

物理因素包括交通、过分拥挤、污染、噪音、照明、温度等环境因素，也包括饥饿、疲惫睡眠不足等人体内部因素。身体不适时，压力是异常强烈的刺激引起的。

（二）工作压力

除了与物理环境相关的压力因素外，其他与工作有关系的压力因素，包括工作负荷不足或过重、职责冲突或模糊、工作改变、与同事发生冲突等。其中认知压力是工作压力因素中最重要的因素之一，它与个人工作熟练程度和准备状况相关。认知压力通常是在发生特殊情况时，技术不足或被认为不足时出现。

（三）个人压力因素

日常生活事情会导致压力的出现，如家庭不和、家用电脑出毛病、汽车维修、经济问题、健康问题等日常小事都会导致压力。表 4-1 是摘自 30～100[①] 项潜在压力因素表，表中数值越高，就代表越容易患与压力相关的疾病。

表 4-1　潜在压力因素表

序号	生活事件	压力指数	序号	生活事件	压力指数
1	丧偶	100	2	家庭成员生病	44
3	离婚	73	4	怀孕	40
5	夫妻分居	65	6	性生活不协调	39
7	坐牢	63	8	新家庭成员诞生	39
9	直系亲属死亡	63	10	调整工作	39
11	受伤或生病	53	12	经济地位变化	38
13	结婚	50	14	其他亲友去世	37
15	失业	47	16	改变工作行业	36
17	复婚	45	18	一般家庭纠纷	35
19	退休	45	20	借贷大笔款项	31

个人压力与签派员在 AOC 的工作发挥有重大影响，发生的事件消耗了脑力资源，导致工作的分神。由于压力具有渐进性，家庭压力可能导致签派员在工作中有精神压力。个人表现与压力的关系，如图 4-5 所示。

[①] HOMLES T，RAYE R. The social readjustment rating scale[J]. Journal psychosomatic research，1967：123，213-218.

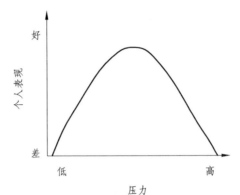

图 4-5　个人表现与压力的关系

压力本身没有好坏之分,关键在于它所引发的个体反应,如图 4-6 所示。压力的类型有正性压力和负性压力。正性压力:一种积极和有益的压力,这种压力能激发我们能量,促进我们的成就动机,促使我们达到更高的目标、履行应有的责任。负性压力是一种持续的、巨大的、个人力量难以抗拒的压力。

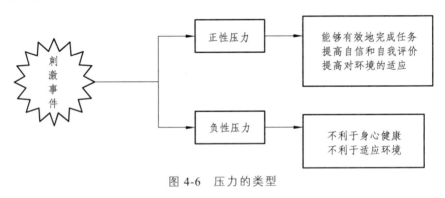

图 4-6　压力的类型

三、压力管理

所谓压力管理,是指当压力对我们可能造成伤害时,用一些方法与技巧去应对,以减低压力带来的消极影响。为了有效地处理压力,应该了解面对压力时解决问题的过程、策略和具体方法。

(一)应对压力的过程

个体从面临压力到解决问题,一般要经过三个不同的阶段。

第一阶段为冲击阶段，发生在压力来临之时。如果刺激过强过大，会使人感到眩晕、发蒙、麻木、呆板、不知所措，常会出现"类休克状态"。比如，突然听到亲人过世，大多数人发愣、惊慌，甚至歇斯底里，只有少数人能保持镇定和冷静。

第二阶段为安定阶段。此时，当事人在经历了震惊、冲击之后，努力想恢复心理上的平衡，设法控制焦虑和情绪紊乱，恢复受到损害的认知功能，运用心理防卫机制或争取亲友的帮助。

第三阶段为解决阶段。当事人将自己的注意力转向产生压力的刺激，冷静地分析压力产生的原因，或逃避和远离产生压力的情境事件，或提高自己的应对能力，直接面对压力去解决问题。

（二）应对压力的策略

一般而言，应对压力的策略有两类：处理困扰与减轻不适感。处理困扰指直接改变压力来源；减轻不适感即不能直接解决问题，而是要调节自己，消解不良反应。

（1）改变压力来源或改变个人与压力来源的关系：通过直接的行为反应或想方设法解决问题，如攻击（破坏）、逃避（置身于威胁之外）、寻找其他途径（商讨、交涉、妥协）、预防未来压力（增加个人搞压力）。

（2）改变自己：人言道改变不了别人就要改变自己，通过使自己觉得较舒服的活动，调节情绪，如以身体为主的活动（使用药物、放松等）、以认知为主的活动（分散注意力等）、歪曲现实的潜意识活动等，但并未改变压力来源。

（三）应对压力的方法

无论是直接面对压力来源还是调节自我，都有许多方法可以采用。但这些方法中有的效果是暂时的，有的效果是长远的；有的有助于成长，有的会造成其他不良影响。

1. 不良的应对方法

（1）依赖药物。服用一些镇静剂可以起到暂时减轻压力的作用，但不能解决产生压力的根源。长期服用容易形成对药物的依赖，失去个人尊严，甚至引发其他疾病。

（2）酗酒抽烟。酒精会刺激神经系统，同时也是一种镇静剂。烟草是一种兴奋剂，也有一定的镇静作用。抽烟喝闷酒虽然能够暂时起到抑制中枢神经系统的功能，缓解紧张状态，但经常使用容易导致酒精中毒，香烟带来的副作用更是危害无穷。其他不良的应对方法还有沉溺于幻想、攻击自己或他人等。

2. 正确的应对方法

认识压力的作用及其可能导致的后果，对可能出现的过度压力有心理准备，并主动学习处理压力的方法，就可以有效地控制压力。常用的方法如下：

（1）了解自己的能力，制定切实可行的目标。

（2）劳逸结合，积极休息，培养业余兴趣爱好。

（3）加强体育锻炼，生活有规律，睡眠充足。

（4）建立和扩展良好社会支持系统，结交朋友。

（5）积极面对人生，自信豁达，知足常乐，笑口常开。

（6）改变不合理观念，通过有意地改变自己的内部语言来改变不适应状况。

四、民航企业人员压力管理流程

针对民航企业所有员工进行压力管理，首先需要对员工进行压力测试，根据测试结果分析和评价其压力水平，再根据不同的压力水平，对员工进行压力调节，且提出压力调节效果反馈环节，对员工压力进行持续有效的调节。根据前述民航企业员工压力，提出民航企业降低员工压力的措施有：

（1）减少工作责任压力。民航企业可以增大对技术和科技的研发投入，提高行业安全性，保证企业员工和相关人员的安全，降低行业风险，从而降低与安全相关人员的工作责任压力。

（2）改善工作环境。民航企业应该为员工提供更加宽敞舒适的工作环境，如适宜的温度、合理的布局等，有利于员工减轻疲劳，更加舒心、高效地工作，从而降低压力。

（3）弹性工作制。民航企业可以制定允许员工在特定的时间段内，自由决定上班时间的制度。弹性时间制有利于降低缺勤率，提高生产率，减少加班费用开支，从而增加员工的工作满意度，减少压力的产生。

（4）保证员工身心健康。民航企业从员工的身心状况考虑，为他们提供达到目的的手段。例如，企业可提供各种活动以帮助员工戒烟、控制饮食量、减肥、培养良好的训练习惯等。

（5）有效压力疏导。民航企业应充分认识到每一位员工的压力状况，并正确地认识并调节其不满情绪。因此，企业管理者应提供多种情感发泄的渠道，有效地排解员工压力。

（6）帮助员工掌握解决或应对问题的技能。民航企业可聘请各方面的专家对员工进行培训，如提高工作能力、增加工作技巧、谈判或交流的技巧等，帮助员工克服工作中的困难。

（7）创造合作上进、以人为本的企业文化。企业将以人为本的思想放在首位，首先要增强员工间相互合作和支持的意识，这样才能在面临紧急情况或艰巨任务时，所有员工作为一个整体同心协力、排除万难。这样不仅会降低员工个人压力，更会鼓舞员工士气，增强企业的凝聚力。另外，上下级之间要积极沟通。上级需及时掌握每一位员工的压力状况，及时发现并化解压力。上下级沟通可以采取面谈、讨论会或者设立建议邮箱等多种形式。更多的交流和反馈也能降低员工压力，增强员工工作信心。

第三节　签派员的工作负荷

一、工作负荷概述

这里我们用一个简单的经验公式来说明签派员的工作负荷：

$$工作负荷=\frac{任务数×任务价值}{可用时间}$$

在上述经验公式中，签派员所面临的工作任务可划分为若干组块或单元，如需要放行的航班数量、需要的通信和协调量、资料查询量等；而任务价值或者权重是指任务的难易程度以及它们的相对重要性；可用时间是指在当前情景下容许签派员做出判断和实施决策的时间，也就是班组完成特定的任务或者多个任务可以利用的时间。显然，任务数越多，签派员的工作负荷就越大；其工作的内容难度越大或者越重要，那么它的价值和权重也就越高，给签派员造成的压力就越大，其工作负荷就越大。与此类似，在特定的情景下和特定的环境中，签派员能够用于完成任务的时间越短，其工作负荷就越大，所承受的压力也会越大。因此，我们对工作负荷给出如下定义：

签派员工作负荷是指签派员在单位时间内承受的工作量，体现了对签派员工作任务在数量和质量上的共同要求。签派员工作负荷有主观和客观之分。

客观工作负荷是指由于执管航空器对签派员形成了客观任务需求，签派员为满足这些需求承受的身体上和精神上的压力。这些压力可以转化为时间上的消耗，通过时间消耗来缓解所承受压力和完成客观任务的要求，这个时间消耗的长短就是签派员工作负荷的大小。影响客观工作负荷的因素很多，包括工作职责、工作标准、软硬件系统、签派放行航线的复杂程度、席位航班设置等。

主观工作负荷是指签派员在执行签派放行监控任务时所承受的心理压力，也可称为心理负荷、精神负荷。影响签派员主观工作负荷的因素很多，主要包括工作的难易程度、身体能量的消耗、时间的紧迫度、努力程度、绩效满意程度、受挫程度等。

二、工作负荷等级及表现

我们可以将签派员的工作负荷划分为 5 个等级：正常的工作负荷状态、偏低的工作负荷状态、过低的工作负荷状态、偏高的工作负荷状态以及过高的工作负荷状态。

（一）正常的工作负荷状态

根据叶克斯道森的倒"U"形曲线（见图 4-7），可以将中等强度的工作负荷视为正常的工作负荷状态。在正常的工作负荷范围内，整个班组的觉醒或者激活水平处于适宜的状态，主要表现为思维清晰、反应敏捷、情绪稳定、工作效率和准确性高，并且班组的氛围良好。但是，即使是处于这样的状态，所有工作人员也应该保持警惕，积极参与各项工作任务，对所放行的飞机状态进行密切关注，对有特殊情况的航班提前做出反应，以免班组进入不适宜的工作负荷状态之中。

（二）偏低和过低的工作负荷状态

偏低和过低的工作负荷状态都属于低工作负荷状态，只不过程度不同罢了。在此，我们将主要对过低的工作负荷状态进行讨论。由于在某些环境中（如该时间段内无需要放行的飞机，天气很好，且其他已放行飞机状态良好），工作任务的数量相对较少，这些任务的价值也相对较小，并且时间较为丰富，在这样的情景下，整个班组有可能处于偏低或者过低的工作负荷状态。其主要表现是：活动减少，交流减少，瞌睡或者打盹、疏忽性错误以及自鸣得意。

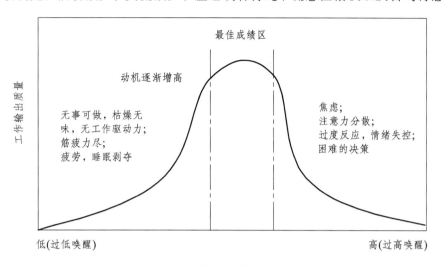

图 4-7 叶克斯道森的倒"U"形曲线

（三）偏高的工作负荷状态

在偏高的工作负荷状态下时，签派员会感到工作吃力、发生错误以及动作量过大，也可能出现将自己的注意力固着在某些紧急任务上，却忽略对其他任务的监控，脾气变得古怪和易怒。

（四）过高的工作负荷状态

当工作负荷超越了签派员的最大工作能力时将是非常危险的。在这种情况下，个别签派员将不能理智地和富有成效地完成好面临的复杂任务。在这种状态下，整个班组的感受是精疲力竭，有人甚至把它称作零智商状态，这样的状态是切合实际的。值得庆幸的是，并不是所有的成员都会在同一时间里达到这样的状态，这就意味着在整个签派室里总是有一些成员可以采取一定的行动保证一切按计划正常运行。

不同的工作负荷状态，表现出来的工作状态有很大差异，图 4-8 展示了工作负荷与作业表现的关系。在航空公司的运控中心，每个席位的签派员都必须协调合作，合理分配所有工作内容，尽可能使每个席位的工作负荷相当，保障运控部门高效安全地运行。

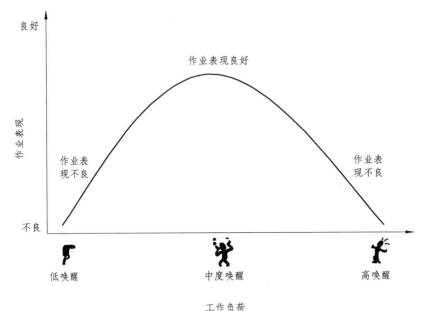

图 4-8　工作负荷与作业表现的关系

三、影响签派员工作负荷的因素

签派员在放行航班、监控航班动态时，会受到情报、气象、机务、配载等各方面的影响，导致签派员工作负荷的改变。Arad（1964）、Buckley（1983）等提出了不同管制员工作量的因素。基于此，我们根据签派员的工作性质及内容总结出以下影响签派员工作负荷的主要因素。

（一）任务的性质

如放行航班的类别不同，给签派员带来的压力状态不同（定期航班、专机尤其是国家领导人乘坐的航班）；遇到恶劣天气或者发生突发事件，刚刚恢复运行的补充航班等。

（二）人员状况

人员状况，如年龄、放行经验、专业技能等。其中签派员的个人能力，如预测、分析、理解、决策、应变、协调、表达能力等，都会影响签派员的工作负荷。由于个体之间的差别，每个签派员在同样条件下所承受的工作负荷是不一样的，刚获得放行权的签派员产生高工作负荷的状况，对具有多年放行经验的成熟签派员而言很可能就只意味着中等甚至较低的工作负荷。

（三）完成任务的环境

完成任务的环境，如要求的作业绩效标准，完成任务的可用时间，是否还要同时做其他事情等。

四、工作负荷的测量

（一）工作负荷评估方法

签派员工作负荷是制约签派工作质量的关键因素之一，不适当的工作负荷会导致签派员难以有效地履行其职责，从而影响飞行运行安全。航空承运人应通过合理配置签派人力资源等方式，保证签派员的工作负荷处于可接受的范围之内。对于超过可接受水平的工作负荷评估结果，航空承运人应及时采取相应措施调整，直至工作负荷下降至可接受水平。一般航空承运人应每年至少开展一次飞行签派员人力资源评估。在遇到席位工作职责、运行种类或区域有重大调整，运行环境因素有较大变更（如飞机数量、AOC 系统设施设备、人员流动等）以及在局方认为有必要时，承运人需要及时启动人力资源评估工作。

评估签派人力资源配置时需要考虑系统失效带来的影响。航空承运人应当根据自身实际情况，制定局方可接受的评估方案、指标体系、采样标准（如确定采样对象、采样时机、采样持续时间）等。具体可以使用以下流程开展评估工作：

1. 测算基础人力资源配置

测算航空承运人所需签派员的基础数量和席位的基础数量。航空承运人签派员数量和席位设置原则上不能低于该基础数量，该数据可供承运人后续调整人力资源配置时参考使用。

2. 使用工作负荷评估进行校验

使用客观工作负荷评估校验工具和主观工作负荷评估校验工具来测量签派员的主观、客观工作负荷，并验证其是否在可接受水平之内。

3. 综合分析评估校验结果

（1）主观、客观工作负荷评估校验结果一致的情况。

如结果显示主观、客观工作负荷都可接受，表明签派人力资源配置合理。

如结果显示主观、客观工作负荷都不可接受，表明签派员工作压力过大，难以有效履行其放行监控职责，承运人应采取措施降低签派员的主、客观工作负荷至可接受水平内。

（2）主观、客观工作评估校验结果不一致的情况。

一般而言，主观、客观工作评估校验结果可以相互验证；当不一致情况出现时，承运人首先需要验证工作负荷评估过程是否准确。

当出现主观工作评估校验结果不可接受而客观工作评估校验结果可接受的情况时，席位签派员虽然能够顺利完成任务，但心理压力过大，处于主观超负荷状态。承运人应及时了解分析原因，采取有效措施减少其主观工作负荷至可接受水平内。

出现主观工作评估校验结果可接受而客观工作评估校验结果不可接受的情况时，原因往往是职责过多，导致签派员可能同时处理多项工作，影响工作质量。承运人需要检查签派人员工作的质量，确认其按照制定的标准开展工作，并采取有效措施减少其客观工作负荷至可接受水平内。

4. 制定措施

针对评估结果，应开展调研，深入分析原因，并制定有针对性的措施。措施可以包括但不限于：增加签派员配置；调整运行量；调整人员力量搭配；加强培训提高岗位人员能力；改善设备设施，提升系统支持能力；改善工作环境；改进工作流程及调整职责；完善公司绩效政策等。

（二）基础人力资源配置测算方法

基础人力资源测算方法是航空承运人开展签派人力资源评估时可使用的一种方法，运用该方法可得到所需签派员的基础数量和席位的基础数量。该方法可按以下两个步骤开展：

1. 签派作业活动负荷分析统计

对航空承运人签派作业活动负荷进行分析统计是开展签派人力资源配置基础数据测算的先决条件。

航空承运人首先应理清签派放行和监控职责、程序和工作标准，将整个签派放行工作过程进行分解，细化为各项作业活动。分解作业活动时，应尽可能反映签派员的实际工作情况，并应明确各项作业活动的内容和作业标准。

其次，承运人应统计各项作业活动平均负荷或称标准负荷（即进行各项作业活动所耗费的时间）。统计数据应尽可能准确，能够客观反映签派员作业活动的实际状况。

2. 测算签派人力资源配置基础数据

航空承运人在测算签派人力资源配置基础数据时，可遵循如下过程：

（1）分析测算航空承运人年所需签派员工作总时间。该时间与承运人的航班量、运行复杂程度、作业活动负荷等因素有关。

（2）分析测算单个签派员年可用工作时间。承运人应根据劳动法等法规文件以及公司政策予以确定。

（3）分析测算签派人力资源配置基础数据。承运人将年所需签派员工作总时间除以单个签派员年可用工作时间，可得到所需签派员数量。其他签派人力配置的基础数据如所需席位数据也可通过相应计算得到。

（三）工作负荷评估校验

客观工作负荷评估借鉴了国际民航组织（ICAO）出版的《空中交通服务计划手册》（ICAO Doc 9426）第二部分附录 C 中推荐各成员国在进行管制员工作负荷评估时使用的英国运筹与分析学理事会的 DORATASK 评估法。

主观工作负荷评估采用了美国国家航空航天局（NASA）针对宇航员心理负荷主观评估的 NASA-TLX 方法。NASA-TLX 是迄今使用最为广泛的主观工作负荷评估工具之一，通过对签派员工作负荷的规范分析，提出了签派员基础人力资源测算辅以客观、主观工作负荷评估校验的签派员人力资源评估模型，并提供了一套完整的评估流程，为航空公司开展飞行签派员人力资源评估、合理配置并规划签派人力资源提出了要求和指导，同时向局方监察员提供了相关监察指南，具有较好的信效度。

1. 客观工作负荷评估校验

客观工作负荷评估校验要结合签派岗位实际运行开展，通过对签派员客观负荷数据的测量，确认其是否在可接受水平内。

签派员客观工作负荷评估校验要求可通过以下步骤进行：

（1）通过现场观察的方式记录单位时间内签派员实际工作时间，如表 4-2 所示。

（2）验证单位时间客观工作负荷是否在可接受水平内。为了满足生理和心理对工作压力的恢复需求，签派员在工作中需有一定的恢复时间。按照国际通用做法，签派员的工作负荷应不超过其工作时间的 80%，即签派员 1 小时内实际工作时间不应超过 48 分钟（即小于单位时间长度的 80%）。

表 4-2　签派员客观工作负荷统计表

序号	1	2	3	4	5	6	7	8	9	10	11	12	13	14
项目	机组信息评估	机场情况评估	飞机情况评估	故障保留评估	航行通告评估	天气评估	飞行计划分析	载重信息评估	运行规定评估	放行讲解评估	领航报文评估	资料清单评估	更改与重新放行	航班动态监控
时间														

2. 主观工作负荷评估校验

签派员工作负荷的主观评估方法，是让签派员自己在进行了一段签派工作之后对这段签派过程进行主观评价。

签派员使用 NASA-TLX 进行主观工作负荷评估的步骤如下：

（1）对参与测试的签派员培训，帮助其理解测试的各项内容。该工具对主观负荷评分采用 10 分制，可接受水平为 8 分，即低于或等于 8 分的负荷可以接受，高于 8 分的负荷不可接受。

（2）签派员根据自己刚完成一段工作的实际情况，利用表 4-3 对 6 项主观负荷因素（脑力需求因素、体力需求因素、时间需求因素、努力程度因素、绩效水平因素、受挫程度因素）分别进行打分。除绩效水平这一负荷因素外，其他五个负荷因素都是感觉越高，所给分值也就越高；对于绩效水平因素，签派员评价自己的工作绩效越好，则所给分值越低。

表 4-3　主观负荷权重分析两两比较问题样例

序号	问题	回答
1	这项工作需要更多的脑力需求（思考、决定、记忆等等）还是更多的体力需求（身体消耗）	脑力需求√/体力需求
2	这项工作需要更多的脑力需求（思考、决定、记忆等等）还是更多的时间需求（时间压力）	脑力需求√/时间需求
3	这项工作需要更多的脑力需求（思考、决定、记忆等等）还是需要更多的努力（工作困难程度）	脑力需求√/努力程度
4	这项工作需要更多的脑力需求（思考、决定、记忆等等）还是需要更多种类的能力（成功地完成工作）	脑力需求√/绩效水平
5	这项工作需要更多的脑力需求（思考、决定、记忆等等）还是导致更多的挫败感（愤怒、气馁）	脑力需求/受挫程度√

序号	问题	回答
6	这项工作需要更多的体力需求（身体消耗）还是更多的时间需求（时间压力）	体力需求/时间需求✓
7	这项工作需要更多的体力需求（身体消耗）还是需要更多的努力（工作困难程度）	体力需求/努力程度✓
8	这项工作需要更多的体力需求（身体消耗）还是更能体现自己的能力（成功地完成工作）	体力需求/绩效水平✓
9	这项工作需要更多的体力需求（身体消耗）还是更多的承受挫折能力（愤怒、气馁）	体力需求/受挫程度✓
10	这项工作需要更多的时间需求（时间压力）还是要更多的努力（工作困难程度）	时间需求✓/努力程度
11	这项工作需要更多时间需求（时间压力）还是更能体现自己的能力（成功地完成工作）	时间需求✓/绩效水平
12	这项工作需要更多的时间需求（时间压力）还是导致更多的挫败感（愤怒、气馁）	时间需求✓/受挫程度
13	这项工作需要更多的努力（工作困难程度）还是更能体现自己的能力（成功地完成工作）	努力程度✓/绩效水平
14	这项工作需要更多的努力（工作困难程度）还是导致更多的挫败感（愤怒、气馁）	努力程度✓/受挫程度
15	这项工作更能体现自己的能力（成功地完成工作）还是导致更多的挫败感（愤怒、气馁）	绩效水平✓/受挫程度

（3）对主观负荷因素权重进行分析。6项负荷因素的权重值之和等于1。例如，假定脑力需求因素与其他5项负荷因素相比更重要，则脑力需求因素的权重值为5/15≈0.333。在对相对重要性进行评估时，自相矛盾的评估（既A比B重要，B比C重要，C比A重要）是允许的，出现这种情况，说明被评估的负荷因素的重要性非常接近。

（4）确定了各个负荷因素的权重值和评分值后，利用表4-4对6项主观负荷因素进行加权平均，即可得到签派员在某段工作时间的主观负荷值。

（5）评估签派员主观负荷是否在可接受水平内，即确认主观负荷值是否小于8。

为了保证评估校验的客观性，签派员样本选取要覆盖到各特征时间段（如运行高峰、交接班、夜班时间段）、各席位和各个技术等级的签派员，各席位采样人数不少于2人。

表 4-4　主观负荷权重测量样例

签派员：			日期：
主观负荷加权平均值表			
负荷因素名称	权重值	评分值	调整后的评分值 （权重值×评分值）
脑力需求	4/15	8	2.1
体力需求		3	0
时间需求	4/15	9	2.4
绩效水平	2/15	9	1.2
努力程度	3/15	8	1.6
受挫程度	2/15	6	0.8
调整后的评分值栏合计			8.1
主观工作负荷加权平均值			8.1

五、签派员工作负荷管理

工作负荷管理即在所有情况下，有效地管理可用资源，以及时地排定和执行任务。它具体包括以下内容：

1. 有效地安排计划、决定优先次序和安排任务

当工作负荷很高时，一般来说，以安全为导向的工作应首先安排，其次是重要的事情，之后再根据优先次序、操作任务、便利程度等依次安排。

2. 在执行任务时有效地管理时间

在遇到特殊情况时，签派员要及时有效地将工作完成，否则就会导致工作任务堆积，出现不能按时完成工作的情况，并且会增加某一时间的工作负荷，容易导致人为差错。

3. 在所有情况下保持自控

遇到紧急情况时，必须沉着冷静，发挥自己的特长，运用专业知识解决问题。

4. 必要的时候提供并接受协助

放行航班或者出现突发状况，自己无法快速解决时，要及时寻找团队其

他人员或者相关部门进行协助，保证航班运行安全。

5. 预见和识别负荷过载并尽早请求帮助

签派员需对自身有一个清晰的认识，能够清楚地对自身定位，在自身感觉工作负荷过大时，要及时向团队请求帮助，缓解自身压力。

6. 审阅、监视和执行交叉检查

在工作负荷过大，且面临交接班时，可以推迟交接班，并主动与其他班组分担工作任务，待情况好转后，认真交叉检查，完成交接班，保证正常运行。

7. 验证基本任务是否达成预期结果

在经过一段的紧张工作之后，必须对自己的所有工作进行回顾再检查，以确保工作达到预期的效果。

8. 管理自我以及从中断、分心和失败中恢复

在实际工作中，签派员可能会被各种外界条件所干扰，从而中断了自己的工作。在这种情况下，签派员应学会自我管理，比如用便利贴、做记号等方式提醒自己之前被中断的任务，以免遗漏重要信息，在自己出现工作差错的时候，要摆正态度，从错误中吸取经验教训，不断激励自己。

9. 保持精神和体能要求，安全地履行职责等

每个人能够承受的压力是不同的，这与一个人的精神状态、生活习惯、身体素质、专业技能等有很大关系，所以作为一位合格的签派员需对自身负责，应在工作中保持良好的精神状态，认真负责，安全地履行自己的职责。

签派人员必须具备一定的素质才能有效地进行工作负荷管理，如技能、经验及熟练程度；保证工作所需要的信息；确保在可用的时间内，不需要走捷径就可以完成任务等。

除此之外，航空公司应该采取必要措施来提升管理工作负荷的能力，实现人员与任务的合理匹配，如对签派人员进行人为因素方面的培训；警惕低工作负荷的情景；鼓励识别负荷过载的情境等。

对签派员个人而言，应做好安全防范措施，如确定压力不是自我引起的；把你所忧虑的事说出来，请求额外的协助；超过工作负荷时敢于说"不"，尽可能以"串联"的方式工作；记忆能力不能通过训练而提高，不要太相信自己的记忆能力。

六、工作负荷管理演练

（一）设置情景

签派员在拟订飞行计划、遇到安全威胁启动应急响应程序后，工作负荷较大，对其进行任务优先级管理的能力要求最高。因此，在情景设置时，可多设置关于这两类任务的情景：

（1）飞行计划的拟订：不正常航班飞机计划的制订、特殊航班运行飞行计划的制订、二次放行飞行计划的制订（设置情景时包括飞行计划系统、载重与平衡系统等的使用）等等。

（2）安全威胁的出现：飞机仪表设备失效、结冰条件下的放行、机上出现炸弹警告等。

（二）学员训练

教员指导学员如何处理情景中的问题，教授学员任务处理的技巧。可让学员在对情景充分理解的基础上，将情景中的任务一一列出，并养成计时的习惯（记录每项任务完成所用时间），以此反复多练习几个情景。

（三）教员点评

学员自我总结任务管理的技巧，并根据工作内容将其归类，使其程序化，在工作中可节省大量时间。

（四）案例分析

1. 案例描述

某日（太原—三亚）航班机组在空中通过 ACRAS 报告给签派，内容如下：CTR TK PUMPS FAULT（中央油箱泵故障）。当值签派员立即按照公司的空中故障检查单开始工作：

（1）立即通知公司机务和公司飞行部值班领导请求技术支持；

（2）立即通知运行值班经理及公司总值班经理。

在完成必要的汇报工作后，签派员根据 ACRAS 提供的信息得知飞机上目前有 10.4 吨燃油，由于中央油箱泵故障，中央油箱内的燃油将不可使用，所以需要检查飞机上的可用油量是否满足继续运行的需要。根据空客 A320 FCOM 手册，A320 飞机的油箱分为两个外侧油箱各自可容纳 680 千克燃油，两个内侧油箱各自可容纳 5 567 千克燃油，一个中央油箱可容纳 6 474 千克燃油。考虑到 A320 飞机加油顺序是从外侧油箱开始，并且优先使用中央油箱燃油，所以可以判断中央油箱内燃油已经消耗完毕，飞机上所剩燃油均为可用燃油，飞机上油量满足继续飞往目的地的需求。在签派员进行以上评估工作的同时，通过 ACARS 询问机组中央油箱剩油，机组回答剩余燃油足够进行余下航程使用。得知以上情况及进行了分析之后，签派员及运行值班经理与飞行部值班领导及机务进行商讨，AOC 共同决定航班继续飞往三亚，落地后机务进行检查。签派员将此决定通过 ACRAS 告知机组，航班继续飞往三亚并安全落地。

2. 案例评论

（1）分工清晰，职责明确。在特情发生后值勤签派的工作负荷会快速增大，有大量的工作需要同时完成，因此运行值班经理需要对各岗位进行合理的分工，其他签派员在特情发生后要提出自己的见解，发挥团队的智慧。

（2）签派员在航班运行中对于航班的监控十分关键，目前签派员对于航班的监控主要基于 ACARS 系统，需要时刻关注机组通过 ACARS 报告给签派的信息。

（3）严格执行公司既定的流程规章，在此次事件中，签派员在收到机组关于飞机空中故障的信息后，立刻取出席位上的《签派员特殊情况检查单》，按照检查单项目逐项完成，避免了处理特情时考虑不周全的情况。

（4）签派员应当加强对飞机系统、飞机操作知识的学习，以便飞机在空中发生故障时签派员可以很清晰地想象当时的情景，并判断机组意图，为机组提供及时可靠的地面支援。

第四节 案例综合分析

由于飞行签派员的运行控制是在极为动态的环境中进行的，且与安全相关的许多信息不是以直观的形式表现出来的，签派员只有通过自身的专业知识与经验建立情景意识，才能有效地与机组进行沟通，快速理解机组意图，及时帮助机组解决问题，从而有助于工作负荷的减轻，尤其在遇到复杂天气的运行或者出现突发状况时，能够快速建立情景意识，可以有效地协助机组做出合理决策，减轻班组的工作负荷。

（一）案例描述

一架南京飞腾冲的航班，机型为波音 737-700，航班时刻 20:00，签派员在监控天气时发现腾冲突发特情，出现雷雨天气，当前航班正处在昆明区域，于是该签派员向主任签派员报告此情况并进行紧急处置。下面是他们在处置该特发状况时的对话：

签派员 A：报告主任，现在腾冲上空突发特情，出现雷雨天气，我们正有一架航班处在昆明上空，我先与腾冲气象台了解详细的天气状况。

主任签派员：好！全体集合！大家注意听你们现在的主要任务。

首先，A 签派员，你先把天气情况了解清楚，包括腾冲和其他备降机场的天气状况。另外了解清楚飞机的油量情况，把信息尽快提供给机组。再评估该航班是否可以继续向前飞行，这个我们后续再看，你的任务就这些，先去做吧。

然后，B 签派员，你把飞机的位置评估一下，再联系备降机场。

最后，C 签派员，评估飞机备降之后短时间回不去腾冲，需要等待多久，以及评估后续可能受影响的航班。

3 分钟过后……

签派员 A：我已联系了腾冲气象局，腾冲目前是局域性热烈雷暴天气，而非系统性天气，雷雨会一直持续 90 分钟左右，而我司航班在昆明，飞到腾冲要 50 分钟左右，由此评估，若我方航班在腾冲上空等待天气转晴的话需要等待 40~50 分钟。备降机场目前计划定在贵阳，而从腾冲改航到贵阳需要航油 3.2 吨左右。因在省内机场运行较多，所以机组资质经查询，芒市天气稳定可靠，可满足最低标准，通告方面也无相关限制，腾冲改航到芒市需要航油 0.6 吨左右，若如此改航，航油只需消耗 2.6 吨左右，足以令此飞机在上空等待 1 小时。我也询问过机组所在公司的飞行计划调度室，机组的飞行时间还剩余 3 小时左右，由此可见，若在空中等 1 小时，后续航班回昆明需要 1 小时，机组不会飞超时。现在我决定用卫星电话先向机组通报一下情况。

签派员 B：报告带班主任，我用 ADSD 查看过，飞机现在正在 X 位置，距离昆明还有 10 分钟的行程，我用电话联系过芒市机场，他们可以进行备降保障，我也与芒市塔台联系过了，他们可以接受我们的航班，如果我们的航班不能在腾冲降落则可在此备降。之后我又向市场部和地服部了解到，后段腾冲回昆明的旅客有 10 人，大部分旅客（131 名）是从南京直飞腾冲的，所以我建议航班后续不做取消处理，也不要备降昆明，若能去芒市的话我们就去芒市，之后继续飞。另外，我也询问过芒市地服，他们可以对旅客进行短时保障，腾冲后续天气转好可以继续前往，没有任何问题。

签派员 C：我查看了后续航班，后面接的是昆明 X 航班，若该航班因我们的备降而延误的话我们要做调整处理，时间节点在 1 小时以后，若航班不落地，我们之后还要做调整。

主任签派员：好的，你们所有人提供的信息我都已经了解，综合信息来看，首先从安全角度出发，航班飞去腾冲没问题，等待也没问题。其次是考虑到备降场的选择，更改备降场后，等待没有问题。另外为旅客考虑，我们航班先备降在芒市，旅客的保障方面问题不大，取消芒市问题也不大，所以综合信息，包括后续航班的调整，最终决定给予机组的建议是继续往腾冲飞，天气不好就在上空等待，我们会给机组一个建议的油量，大概等到 2.1 吨（最低油量）左右，若天气仍未好转，我们就会建议机组去芒市机场备降，腾冲飞往芒市大概要消耗 0.6 吨的油，所以加上此油量之后大概等到 2.7 吨（最低油量）我们就要去备降了，所以说我们也要建议机组实时监控油量，A 签派员马上把决议结果告知机长吧。

签派员 A：机长，你好，我是签派，跟您通报一下，腾冲现在有特情，上空出现雷雨天气，预计持续 90 分钟，现在从昆明飞过去要 50 分钟，备降场贵阳，跟您商议一下，建议把备降场改为芒市，芒市天气稳定可靠，也联系了芒市机场，他们接受我方飞机备降，对于油量方面，从贵阳备降机场改航到芒市机场，空中可等 1 小时左右，我们评估改航所需最低油量是 2.1 吨，若天气无好转则可去芒市备降，所以建议您继续往前飞，您看可以吗？

机长：我们刚刚飞达昆明，飞往腾冲需要 40～50 分钟，当燃油消耗到 2.1 吨再做决策，你确定是准确的吗？

签派员 A：放心，机长，我们得到 2.7 吨这个结论是在最低油量的基础上保守估计的，油量方面没问题，就是需要您注意监管自己的油量，把目的地备降机场改为芒市可以吗？

机长：基本没问题，但是腾冲这边目前有几个返航回昆明的飞机，你们也多注意一下，若后续我在腾冲无法着陆，芒市天气也不好，还可以飞多久？

签派员 A：我们评估过，腾冲是局域性天气，而不是系统性天气，芒市天气是稳定可靠的，您将油量监控好，到达 2.7 吨时腾冲天气仍不达标就采取芒市机场。

机长：好的，飞机在腾冲不能着陆，我就去芒市机场，谢谢。

（二）案例评论

该案例是签派工作中经常遇到的普遍情况。

（1）签派员 A，在遇到特情时不仅可以凭自己的能力去做应该做的事，还懂得向团队寻求帮助。

（2）主任签派员，在了解整体情况后，条理清晰地将适量的任务安排给团队里的其他成员，他在整个过程中领导有序，业务能力过硬，处理事情的过程清晰明了。

（3）整个对话过程，展示了整个团队的协作精神。每一个人在了解该特情后，根据主任签派员的指令，迅速联系各有关单位，并将信息汇总，快速做出决策，与机组沟通，保障航班安全。可见，每个签派员都能够快速建立情景意识，并且清晰地知道自己的任务以及做这项任务的目的，只有强化了情景意识，才能将事情考虑周到。处理特情的任务被分解，每个人的工作负荷相当，既提高了工作效率保证了航班的安全，又减轻了每个签派员的工作负荷。

第五章　人为因素与差错管理

　　航空公司在整个营运过程中实行"安全第一、预防为主"的工作原则。在履行职责时必须首先考虑安全，在保证安全的前提下努力争取航班正常、优质服务和最佳经济效益。为了预防不安全事件的发生，就需要让一切工作都能够符合规范，并且按标准化、程序化的要求实施运行与管理，杜绝由人为因素造成的工作差错。根据已知的事故原因统计分析资料，大约有 80%的航空事故均与人为因素有关。人为因素是指有关人的能力、限制和其他与之有关的人的特征，其研究目的是将这些知识应用系统的设计、使用和维护领域，寻求人的最佳表现，使系统更加安全和有效。

　　作为民航中的一个重要领域——飞行签派，人为因素在签派工作领域的研究和应用却明显地滞后于其他领域。飞行签派员作为组织航空器飞行并进行运行管理的主体，担负着航班计划的申请、飞行计划的油量计算、运力调配、航班放行、运行监控、特情处置等多重任务，是航空公司实现良好运行的关键，也是影响飞行安全的重要人为因素之一。在我国，很少应用人为因素工程的理论方法来提高和改进签派工作。随着我国民航运输业的迅猛发展，飞行签派员作为组织航空器飞行并进行运行管理的主体，在航空公司运行保障中的作用越来越重要。研究飞行签派员的素质及人为因素，打造一支适应民航运输业发展需求的、拥有过硬素质的飞行签派员队伍是各航空公司的当务之急。

第一节　运行控制中的人为因素

　　人是生产活动各个环节的中心，业内人士普遍认为人为因素是影响航空安全的重要因素，人为因素从早期的占航空事故的 20%已经上升到现在的

80%。随着现代技术手段的更新，设备可靠性大大提高，人为因素所造成的航空不安全事件将会更加突出。飞行签派是运行控制的核心。运行控制是指合格证持有人使用用于飞行动态控制的系统和程序，对某次飞行的起始、持续和终止行使控制权的过程。运行控制主要包括飞行前的准备、航班签派放行、飞行监控等。运行控制是一个复杂的环境系统，它的目的在于使航空器的放行与监控得到安全、有序和快速的实施，在这个系统中人和机器相互作用，共同完成运行控制任务。

一、运行控制中人为因素的内涵

运行控制中的人为因素是航空人为因素的重要分支，它通过分析签派员的能力和局限性，使人和环境系统的设计及要求相匹配，指导人与系统在任务要求相互矛盾时正确处理相互关系，从而改善系统的安全性，防范可能出现的事故。2011 年 12 月中国民用航空局飞行标准司发布了咨询通告《签派资源管理训练大纲的制定与实施》(AC-121-FS-2011-44)，其中建议的训练单元和相关训练要素中关于人为因素与差错管理的内容有：人类信息加工、感知觉过程、记忆特性、思维特性、注意特性和个人状态与签派工作表现之间的关系；自动化系统的特性，人机交互的局限；差错的类型，来源和差错管理的理论；签派工作中的常见威胁与差错分析。

理解人为因素内涵，主要从以下 3 个方面分析：

（1）从人的能力和局限性看，签派员在观察、认知、理解、模仿、记忆、运用、处理信息能力时所能达到的要求，在人的生理和心里承受范围之内。

（2）人和环境系统相匹配后，人是如何运用系统高效地完成工作任务，以及是如何正确处理与系统出现矛盾时的关系的。

（3）改善系统的安全性，防范可能事故的发生，研究人的优势和系统要素，以及将它们合理匹配，使运行控制整体效益达到最佳。

二、人为因素的定义

人为因素是致力于优化人员表现、减少人为差错的多学科领域，它采纳了行为科学、社会科学、工程和生理学的方法和原理。不适当的系统设计或对运行人员不适当的训练会导致员工的人为差错。任务的不适当设计和管理会导致群体差错。1997 年，Shappell 和 Wiegman 应美国海军的邀请，完成了人因分析和分类系统（Human Factors Analysis and Classification System，HFACS）的研究，该系统的理论基础是 Reason 的潜伏性错误和激活性错误模型，起源于为美国海军和航海公司开发的一个事故调查和数据分析工具，2001 年被美国联邦航空局（FAA）移植到民航飞行员人误的分类分析之中。该框架模型描述了 4 个层次的失效，每个层次都对应于 Reason 模型的一个层面，其中包括操作人员的不安全行为、不安全行为的前提条件、不安全的监督和组织影响。

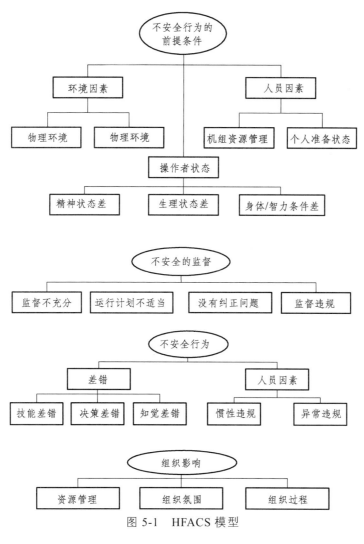

图 5-1　HFACS 模型

虽然 HFACS 原本是为调查、分析在美国海军航空中飞行事故的人误框架而设计和发展的，但相关研究证明，HFACS 作为民航领域的一种行之有效的人误分类分析方法，为航空领域人因研究提供了一个全面的分析框架。这个系统的重点是探讨现行错误和潜在错误及其之间的关系，并促进了对人误潜在因素的确定。有研究者也把它成功应用于美国本土之外的系统，如印度和中国台湾地区，甚至可以用于机务维修以及铁路事故的调查工作。由于几乎所有的飞行事故都涉及人误，而目前多数事故调查和预防方案都不是根据人误理论框架设计的，因此在实际操作时会产生很多问题。HFACS 模型从四个层次对人误产生的原因进行了详细探讨，解决了人误理论研究与实践应用长期分离的状态，提高了飞行事故调查过程中采集到的人因数据的数量和质量，针对飞行事故人误调查也有了可操作的步骤，填补了人误领域操作性强的理论框架的空白。该理论框架是在美国海军大量飞行事故调查研究的基础上提出的，经过了大量的案例检验，在调查飞行事故人误方面逐渐树立起权威。

（一）基于 HFACS 理论的签派人误分析模型的构建

复杂性和多样性是民航签派人误的差错模型和因素呈现出的特点。要保证结果的全面性和深刻性，我们仅仅靠分析签派员知识能力的欠缺和主观能动性的不足来判断是远不够的。在人误成因的选择和确定方面，目前还不存在统一的标准或者模型。通过实例分析，我们发现一个问题，就是如果我们使用不同分析方法来分析统计人误成因，可能人误类别也存在很大的差异，甚至会出现南辕北辙的现象。因此，建立一个统一的飞行签派人误分类分析模型是必要的和重要的。

根据前面的 HFACS 模型，我们通过签派实际工作建立了签派人误分类分析模型（Human Error Classification and Analysis Model for Flight Dispatch，HECAMFD）。HECAMFD 模型分为不安全行为、不安全行为的前提条件、不安全的管理和组织影响四个层次，如图 5-2 所示。

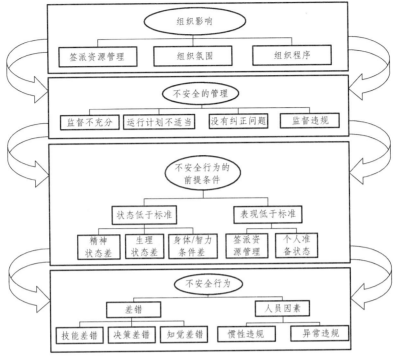

图 5-2　HECAMFD 模型

（二）基于 HECAMFD 模型的签派人误分类分析指标体系

民航签派人误从上至下可划分为四个层次水平体系指标，分别为：组织影响、不安全的管理、不安全行为的前提条件、不安全的签派员行为。

对第一层次体系指标还可做进一步细分，形成第二层次体系指标和第三层次体系指标，如表 5-1 所示。

表 5-1　HECAMFD 指标体系

第一层	第二层	第三层
组织影响	签派资源分配	人力资源 资金资源 设备/设施资源
	组织氛围	组织结构 政策 组织文化
	组织程序	运行管理 程序 监督

第一层	第二层	第三层
不安全的管理	监督不充分	没有提供适当培训 没有提供专业指导/监督 丧失监督的情景意识
	运行计划不适当	任务的计划/组织不当 任务授权/委派不当 风险大于收益
	没有纠正问题	手册过时 系统维护不及时 没有汇报不安全趋势
	监督违规	授权不合格的班组签派放行 没有执行规章制度 提供的信息不充分/不真实
不安全行为的前提条件	状态低于标准	精神状态差 生理状态差 身体/智力局限
	表现低于标准	DRM 个人准备状态
不安全行为	差错	技能差错 决策差错 认知差错
	违规	惯性违规 异常违规

1. 组织影响

组织管理错误直接影响监督者的行动以及操作者的状态和行为。管理状况会激活失误，例如购买便宜的、性能差的计算机系统代替（过度削减经费）；企业安全意识淡漠（组织氛围）。其他组织因素，如操作节奏、时间压力、工作进度等都是影响安全的变量。例如，组织决定增加操作节奏，但它大大超出了监督者的能力范围，这时监督者只能用危害签派员休息的不合适进度表，或者做出不佳的班组搭配，这就增加了系统不安全的风险。组织影响一览表如表5-2所示。

2. 不安全的管理

监督管理状况不良包括：管理人员没有给签派员提供充足的签派资源管理（Dispatch Resource Management，DRM）培训，在此情况下，班组协调技能显然受到影响，如制作飞行计划的计算机系统出现错误（监督不充分）；指派不合适的班组执行任务（运行计划不适当）；监督者没有纠正不合格签派员的签派放行（没有纠正问题）；未对放行的航班进行后续监控（监督违规）（见表 5-3）。

表 5-2　组织影响一览表

资源管理	组织氛围	组织过程
人力资源	组织结构	运行管理
人员未经严格选拔 培训质量存在问题 人员配备不合理	管理的层级结构 信息沟通 授权	运行速度和节奏存在问题 时间压力过大 缺乏应急机制 计划存在问题
资金资源	政策	程序
过度削减培训和安全经费 缺乏资金	晋升 选拔，奖惩，解雇 规章和条例 事故调查程序	绩效标准不明确 程序/指南不明确
设备/设施资源	组织文化	监督
采购了不合适的设备 性能差的计算机系统	标准和规章 组织习惯 组织价值观，信念，态度	缺乏风险管理 缺乏管理者的监视

表 5-3　不安全的管理一览表

监督不充分	运行计划不适当	没有纠正问题	监督违规
没有提供适当培训	班组搭配不当	手册过时	授权不合格的班组 签派放行
没有提供专业指导/ 监督	任务的计划/ 组织不当	系统维护不及时	没有执行规定制度
没有追踪资格/能力	任务授权/委派不当	没有纠正不适当的 行为	违规的程序
没有提供操作原则	风险大于收益	没有汇报不安全 趋势	提供的信息不充分/ 不真实
丧失监督的情景 意识	没有为班组提供足 够的休息时间		
缺乏责任感	任务/工作负荷过量		

3. 不安全行为的前提条件

不安全行为的前提条件分状态低于标准和表现低于标准（见表 5-4）。签派员状态低于标准包括：签派员因生活压力而不能集中精力（精神状态差）；签派员连续工作 20 小时（身体状态差）；在复杂运行情况下飞行计划拍发出现错、忘、漏的情况（身体/智力局限）。签派员表现低于标准包括：签派员同飞行机组、管制员、维修和保障等部门之间的协同不当（DRM 失效）；值班期间未携带体检合格证（个人的准备状态）。

表 5-4 不安全行为的前提条件一览表

状态低于标准	表现低于标准
精神疲劳	DRM
生活压力 对航班警惕性低 精力不集中 失去处境意识	缺少班组配合 不恰当的航班交接 自身及与飞行、空管等的通信/合作不畅 新的/改变的任务
生理状态差	个人准备状态
生病 身体疲劳 生理节律紊乱	工作准备不足 训练不足 私自服药 饮酒 没有遵守休息的要求
身体/智力局限	
处理复杂情景经验不足 智力/能力不足 视觉局限未得到操作授权	

4. 不安全行为

签派放行错误属于激活性失效，它有可能直接或间接地造成灾难，或者导致潜在的错误产生，使得机组在飞行过程中出现问题（见表 5-5）。签派不安全行为包括错误和违规。签派不安全行为中错误的实例包括：签派员提供错误通报货量（技能不足）；签派员在放行条件改变后未及时通知机组（忽略程序步骤）；签派员业载输入错误（注意力分配不当）；签派员安排对机场有 PCN 值限制的飞机执行航班（决策差错）；签派员对飞行中的飞机失去情景意识（知觉差错）。签派不安全行为中违规的实例包括：签派员在签派放行过程中违反规则而受到管理者的容忍，签派员偏离标准程序以节省时间，以及未按正常工作程序交接班、对备降场的选择存在随意性（惯性违规）；签派员对超载航空器实施签派放行、飞机基础重量变更后维护不及时（故意违规）。

表 5-5 不安全行为一览表

差错	违规
技能/技巧	惯性违规
漏掉检查单上的项目 忽略程序步骤 技能不足 注意力分配不当 分心/因干扰而中断	放行指令不规范 违反指令、规章和标准操作程序 边缘条件下签派放行 备降场选择存在随意性 未按正常程序交接班
判断/决策	异常违规
超出能力范围 紧急情况处理不当 程序不当 不恰当的动机	没有按照手册放行航班 匆忙检查放行 未及时提供机组所需资料 未及时发布信息通报
知觉	
错误判断/感知错误 情境诊断错误 不能认识情况	

5. 人为因素与航空安全

人为差错必须被看作任何由人与技术组成的系统中的正常组成部分（Doc 9859《安全管理手册》）；任何人为差错都是在特定环境条件下发生的，仅针对范错误的个人的措施都有很大片面性和局限性。一味企图降低人为要素在事故中的比例是困难及无意义的，必须使人与机器、环境、管理共同组成系统具有"可承受人为差错"的能力，从而提高整个系统的安全水平。

人、机器、规章、标准程序仍然并将一直是促进航空安全的重要手段。安全的提升对系统要素来说都是同步的，从硬件到软件、到运行人员再到组织管理，没有独立完善的要素，作为一个完整的整体，人与系统的其他要素共同完善。事故致因分析中的人为因素的分析已成为人们重点关注的对象。2007 年 3 月 13 日通过的《民用航空器事故和飞行事故征候调查规定》（CCAR-395-R1）新增加了关于成立人为因素调查小组的条款。

三、SHEL 模型

1. 人-硬件（L-H）

L-H 界面指人员和机器设备之间的相互作用，签派员工作中与航班放行系统、监控系统、通信导航系统之间的关系，决定了如何与物理工作环境相互作用,是人-机系统设计最为关注的界面。如飞机上的仪表、显示器等应符合人的感知特性。

【人–硬件案例】

案例描述:1994年6月6日发生的A客机空难。

事故简介:飞机起飞爬升过程中,飞机开始飘摆,机组没能发现故障原因,在处理故障过程中,飞机姿态变化异常,飞行员难以控制,飞机飘摆继续加大,终于在左坡度急剧下降的过程中,超过飞机前度极限,飞机空中解体。

案例分析:直接原因是地面维修人员在更换故障部件时,相互错插插头,导致飞机操纵性异常,同时,飞机设计不当,也未有对飞行员在飘摆应急处置的训练科目,存在重大缺陷。

2. 人-软件(L-S)

L-S界面指人员与其工作场所中的非物理支持系统之间的关系。软件包括各种规章CCAR-121 R5、中国民航法规、签派员资质管理规定。航空器的运行标准、备降场最低标准的选择、MEL/CDL、工作任务检查单等,签派专业放行系统、监控系统、通信设施等等。

3. 人-环境(L-E)

L-E界面指人员与内部、外部工作环境之间的相互关系。内部工作环境包括内部温度、湿度、照明、噪音、振动、辐射等。外部工作环境包括外部天气、建筑物、机场设施等。

4. 人-人(L-L)

L-L界面指工作场所中人与人之间的相互关系。签派员的关系网包括签派班组、管制员、情报人员、性能人员、地服、机组人员等。包括签派班组之间的相互交流、配合与监督,以及员工与管理人员之间的相互关系等。

【人为因素案例】

案例描述:××月××日郑州全天小雨,空气湿度很大,易于成雾,上午能见度在1 000米左右,11:00之后能见度在600~800米之间波动,但RVR值基本维持在800米以上。经电话联系郑州气象以及运控中心气象值班员分析,预计郑州全天低能见度,但RVR值应该维持在550米以上没有问题。航班计划起飞时间13:40,计划飞行时间1小时52分,加上预计延误,到郑州时间预计为16:00。考虑到郑州机场RVR值比较稳定,周边备降场也在标准以上,决定放行该航班。CFP按ZHHH做第一备降场从而增加可用的等待油量。当班副驾驶提出机长为外籍飞行员,按杰普逊手册上I类ILS落地标准为 VIS800M/RVR720M，而中方机长标准为 VIS800M/RVR550M。考虑到郑州 RVR 值的波动，为减少备降的可能性，决定更换为中方机长。最终航班由中方机长执飞，16:45 抵达郑州安全落地。

案例分析讨论：外籍机长和中国机长在运行标准方面存在不同，有哪些注意事项和建议措施避免人为因素差错？

（1）国内的外籍飞行员大多使用是 *Jeppesen Airway Manual*，也参考相应的放行标准，其中大部分机场的 I 类 ILS 落地标准均为 RVR720 米，高于中方机长标准。但并不是所有情况下外籍机长的标准都高。

（2）以桂林机场 RWY01 ILS 进近为例，当 GP 不工作时，对于中方机长，C 类飞机落地标准为 VIS 1 200 米，但 *Jeppesen Airway Manual* 中标准为 VIS800/RVR550。

（3）外籍机长能否执行该较低标准还需咨询公司的标准部门。如能执行，在边缘天气放行的情况下可适当调整飞行机组，从而在不违反规定和不降低安全余度的情况下，降低放行标准，减少延误和备降，提高航班正常性。

（4）建议外籍机长执飞航班边缘天气放行前查阅 *Jeppesen Airway Manual*，明确放行标准。

（5）建议公司的标准部门，梳理中外机长执行标准不一致的机场，统一标准。

（6）外籍机长使用的手册，主要是美国杰普逊公司的手册，其机场放行标准和 NAIP 航图标准可能不同。

（7）公司对于中外机长的机场起降标准应当有明确统一的规定，建议公司的标准部门，梳理中外机长执行标准不一致的机场。

第二节　差错管理

运行中的差错不可能完全避免，所以，签派员应制定适当的差错管理技巧和程序，发现差错和从差错中恢复的技能加入训练中。差错一般是由于注意力分配不当或注意力分散而产生的，从其本质上而言是无意识的。导致系统有效性或安全水平降低的不当行为，它可能会导致事故或伤害，也可能不会导致事故或伤害。

一、人为差错

1. 人为差错成因

人为差错的成因分为内部因素和外部因素。

内部因素：感觉错误、知觉错误、记忆错误、工作负荷、注意力控制、情景意识、应激和疲劳。

外部因素：物理环境、经济状况、生产方面的压力、时间压力、社会环境、工作环境设计、噪声环境。

2. 人为差错分类

签派员人为差错可以划分为四个大类：行为性错误、漏忘性错误、规则性错误、知识性错误。

3. 人为差错管理

差错管理是指在差错造成不良后果之前改正它的过程。差错管理的首要前提是承认差错是人人都会犯的，是不可避免的。差错管理的目标就是要隔离差错与其不利后果。

差错管理代表着航空安全观念的根本转变，从"优秀的签派员不犯错误"到"优秀的签派员也会犯错误，但可以及时发现错误，改正错误，避免不良后果"。

二、差错与违规

差错与违规的区别如表 5-6 所示。

表 5-6　差错与违规的区别

差错与违规的主要区别		
	差错	违规
• 意向性原因 • 管理 • 倾向性	1. 无意的 2. 主要是信息存在问题，不正确的知识或知识不完善 3. 通过知识技能的在培训、人-机界面及工作的重新设计，改善工作环境和实施，加强对影响个人表现的因素管理等来减少 4. 独立于人的传记特点	1. 通常是故意 2. 动机因素、个人信念、态度、社会规范与组织文化 3. 只有通过改变信念、态度、社会规范和组织文化 4. 与年龄、性别存在明显关系

（一）差错的相关理论

1. 墨菲定律

墨菲定律指出凡是有可能出错的地方，就一定会有人出错，而且是以最坏的方式，发生在最不利的时机。墨菲定律告诫人们对可能出错地方不能掉以轻心，心存侥幸。因此凡是有可能出错的地方都要有高效的防范措施，只有消除了出错的可靠性，事故才可以避免。

墨菲定律的规则包括：

（1）任何事都没有表面看起来那么简单；

（2）你预计的时间往往是不够的；

（3）会出错的事总会出错；

（4）如果你担心某种情况发生，那么它就更有可能发生。

2. Reason 模型

Reason 模型是曼彻斯特大学教授 James Reason 在其著名的心理学专著 *Human error* 一书中提出的概念模型，原始模型在理论上建立后被迅速而广泛地应用于人机工程学、医学、核工业、航空等领域，并通过国际民航组织的推荐成为航空事故调查与分析的理论模型之一。这一模型极大地推动了人误的研究，它的核心创新点在于其系统观的视野，在对不安全事件行为人的行为分析之外，更深层次地剖析出影响行为人的潜在组织因素。

Reason 模型是序列性的，最高层的组织因素自上而下地施加影响，它强调组织因素对事故及不安全行为的作用。Reason 认为事故的发生是由系统失效引起的，而系统失效可以分为显性失效和隐性失效。前者指会对系统造成即时负面影响，由不安全行为即人的差错和违规所致；后者指不会对系统造成即时负面影响，具有延滞性，由组织过程中错误的决策、监察不到位及操作者准备不充分等所致。

Reason 模型把个体和组织的错误观点整合成了一个统一的框架（见图5-3）。例如，该模型基于这样的前提，航空系统是一个复杂的生产系统，管理者不良的决策对系统安全运转存在隐患，以及机组的不安全状态，或者导致操作人员之间的信息被错误传递。可以把航空事故链形象地比喻为"多米诺骨牌"，理论上只要在"多米诺"骨牌中抽掉其中任一张牌，就不会导致整个骨牌阵的倒塌。因此，有效的安全管理应该是从整个系统出发，识别并减少这些潜在的不安全状况，而不是通过个人在局部范围内使安全行为最小化。

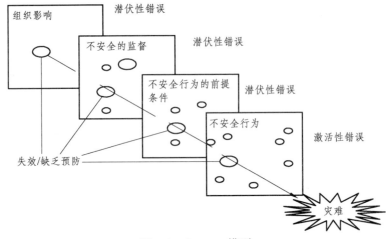

图 5-3　Reason 模型

Reason 模型在很大程度上改变了传统的事故原因观点。但是，Reason 模型只是一个理论模型，没有解决如何应用于航空领域的问题，没有明确说明模型中"洞"的确切含义。ICAO 在"人的因素事故调查指南"中指出，Reason 模型在理解由人导致的飞行事故方面取得了巨大进步，然而，由于 Reason 模型是初步描述，而不是分析，因此很难作为事故调查时的分析工具。要解决这一问题，需要把理论与实践联系起来，即用 Reason 模型，开发出一个航空人因分析总体框架。

3. 海恩法则

海恩法则是德国飞机涡轮机的发明者德国人帕布斯·海恩提出的一个在航空界关于安全飞行的法则，海恩法则指出：每一起严重事故的背后，必然有 29 次轻微事故和 300 起未遂先兆以及 1000 起事故隐患。法则强调两点：一是事故的发生是量的积累的结果；二是再好的技术，再完美的规章，在实际操作层面，也无法取代人自身的素质和责任心。

海恩法则不仅仅用于生产管理中的安全事故发现与防治，还被运用到企业的整个经营过程中，用来分析企业的经营问题。一个企业是否经营得好与它平时的表现还是有相当大的关系的，企业发生亏损甚至倒闭，都能够从企业的经营中发现这些征兆。人们总结出这些征兆主要表现在：

（1）战略管理方面。即企业是否进行了盲目的多元化，如果经常可以看到企业在与主业无关的领域内投资，说明企业有盲目的多元化的倾向，长期来看是会对企业造成危害的，企业经营者这时就应该考虑是否将资金投到自己不擅长的领域，是否应该收缩经营业务，把精力放在主营业务上。

（2）资本运营方面。如果银行和企业关系出现破裂，说明企业的资金链紧绷，企业的赢利水平下降，或者业务过多，背上了过重的债务。

（3）集团内部管理方面。是否存在太多的关联交易。企业进行关联交易或许有企业的难处，外人也可能不容易发现，但关联交易毫无疑问是通往产生财务黑洞的危险路径。

（4）人力资源管理方面。如果员工士气低落，要么说明员工对公司前景担忧；要么说明了企业工作环境出现了不利于员工工作的因素。这时要排除干扰因素，同时要做好员工的思想工作，让他们对公司充满热情。

（二）差错管理概述

威胁是指在飞行期间应注意和应对的外部事件。威胁会增大运行控制的运行难度，处置不当易导致严重的后果。但威胁出现在不安全事故中并不是必然的。比如，签派员进行航班放行后，航班目的地机场的天气在航班预计到达时间短于该机场最低着陆标准时会出现威胁。此时，签派员可以通过对航班天气变化趋势的全程监控，及时做出改航或备降决策处理威胁。因此，威胁本身并不是严重的问题，但如果运行控制人员对威胁的分析和评估不足、处置不当，则可能会诱发差错或非预期的航空器状态。

差错是指背离签派员意图或预期的行为，或既定工作的错、忘、漏现象。威胁是不由签派员人为控制、在一定程度上影响飞行安全、易出现差错的外部事件。而差错不同于威胁，威胁不是由签派员造成的，而差错则是人为造成的；妥善管理威胁能保证足够的安全裕度，而运行过程中的差错往往会降低安全裕度。差错包括不遵守局方或公司的规章制度、违反公司的运行手册或标准操作程序、沟通协调不当，以及签派员自身的失误。差错管理不当可能会导致非预期的航空器状态。

三、常见的差错类型（图 5-4）

（1）掌握常见的差错类型，了解其对签派工作的影响。

（2）熟悉签派工作中的常见差错。

① 备降场选择程序执行存在随意性；

② 存在放行签派员与放行单上的签派员名单不符合；

③ 延误电报拍发不及时；

图 5-4　签派的差错类型

④ 签派员安排对机场有 PCN 限制的飞机执行；

⑤ 指派不合适的班组执行任务；

⑥ 未对放行的航班进行后续监控；

⑦ 签派员因生活压力而不能集中精力；

⑧ 签派员提供错误通报货量；

⑨ 企业安全意识淡漠；

⑩ 签派员对超载航空器实施签派放行、飞机基础重量变更；

⑪ 变更后维护不及时等。

（3）能正确分析差错出现的原因，找出进行改进的机会。

① 不合适的工作个体；

② 运行时间的压力——恶劣天气、延误；

③ 机组或航空器晚到；

④ 疲劳/压力；

⑤ 沟通协调、人际压力、部门隔阂；

⑥ 业务不熟练或知识缺乏；

⑦ 其他不正常的运行事件等。

（4）快速准确地从各种渠道获得信息，并对所获得的信息进行正确的分析处理。

在利用以计算机及其网络技术为代表的现代科学技术进行知识学习、成长的过程中，逐步形成的主动参与信息活动，自觉应用信息技术的意识、态度、理念及具备的获取、识别、加工、处理、传递、创造信息的能力和利用信息去解决实践问题的能力。它包括强烈的信息意识、系统化的信息理念、综合信息能力等内容。

（5）熟悉自动化系统的功能特性及局限，并能够正确熟练使用自动化系统。

利用网络通信基础及先进的网络应用平台，建设一个安全、可靠、开放、高效的信息网络和办公自动化、信息管理电子化系统，为管理部门提供现代化的日常办公条件及丰富的综合信息服务，实现档案管理自动化和办公事务处理自动化，以提高办公效率和管理水平，实现各部门日常业务工作的规范化、电子化、标准化。

四、案例分析

（一）案例描述

2013年3月16日A航班在准备放行资料时，贵州公司值班签派员贺某发现该航班批复的落地许可日期有误（批复日期为17日，但航班计划执行日期为16日，且总调批复、飞越许可均为16日），如此时你是当班签派员，发现该信息以后应如何处置呢？

航班处置过程如下：（以下时间均为北京时间）

2013年3月16日，A航班（计划贵阳起飞时间为16日00:45，普吉落地时间为04:15），签派员在准备相应放行资料时，按规定仔细填写该航班放行讲解单，并在复查该航班的飞越许可、总调批复均与航班计划一致后，进一步复查该航班的落地许可，发现该航班的落地许可为17日的落地许可，于是立即报告当天公司值班领导，及时联系营运部运力网络室，把相关信息和批复转告到他们，要求营运部落实处置；营运部接到通知以后及时联系总部营销委，请求总部营销委协助处理该批复。运力网络室与营销委落实相关批复以后回复当班签派员，是普吉方面把时间批复错误。当班签派员收到信息以后及时把相关信息报告到广州计划和动态，并请计划和动态协助处理，此时机组已经到达签派室，把落地许可批复错误信息与机组沟通以后，建议机组正常准备，等总部营销委与普吉处理好以后再通知上客，在01:00左右，运力网络室回复我们相关落地许可在01:30左右批复完成，报告到当天值班经理和该航班机长，建议上客完成以后等待，通知现场相关部门进行保障，于01:25营运运力网络室报告我们落地许可已批复妥当，并已与普吉相关保障单位协调好保障事务，航班于01:41起飞。

（二）案例分析评论

（1）在准备相关放行资料时，我们除了必需的放行资料的复查核实以外，还应该对国际航班的相关批复、飞越许可和落地许可进行核实。（因为该航班是长期加班，放行时可能会忽略这些批复的核实，认为天天飞，应该没有问题。）

（2）严格请示报告制度，向机组提供必要的解释和沟通，减少航班的延误时间和额外的错误决定时间。

（3）事后写工作总结，回忆自己在工作中的不足之处，提高自己的业务，避免人为因素的差错。

（4）营销委在批复相关加班批复以后，各个公司的营运相关负责部门应该及时核实相关批复的正确性，不要只是走流程，转发相关信息到签派就认为完事了。作为相关负责部门，应该负责批复的及时、完整和正确性，从源头上杜绝错误，不要把签派当成错误的最后过滤网。

第三节　预防签派人误的对策

签派人误研究的最终目的是通过系统的分析，提高飞行安全裕度和以节能减排为目的降低航空公司运营成本。要做到减少差错，就需要通过降低发生率的方式直接介入问题源，比如提高签派员的业务技能（加强人员业务培训），全员开展"人为因素"方面的学习和在日常工作中开展DRM（签派资源管理）训练，在软件方面可以改善工作条件，升级签派员工作的操作平台，做好签派员后勤保障，免除后顾之忧等。另外，工作中还需要强调差错发生后及时捕获，特别是发现差错源后的及时处置，尽可能地通过一切可以利用的手段和方式方法来弥补和降低其后果的严重性，如两位签派员在工作中的交叉检查就是一种很好的工作方式，严格遵循运行控制相关的程序也是一种很好的管理理念。

一、培养扎实的专业知识技能和团队协作精神

"工欲善其事，必先利其器"，扎实的理论知识是减少人误的首要基础。签派员的行为能力主要体现在签派员自身的专业技能上，也就是业务能力。

我们对签派人误不安全事件的数据链分析显示，许多人为错误的产生都是由于签派员自身缺乏最基本的民航业务知识造成的。同时签派工作要求签派员具有广泛的知识面（比如民航法规、飞机相关知识、飞行性能的计算和计算机飞行计划、运行控制程序、航空气象、通信导航设施的知识、无线电通话能力和民航相关专业英语等），也就是说签派员放行工作的盲目性和危险性很有可能就是签派员没有扎实的、全面的理论知识造成的。因此，加强签派员专业知识技能和团队协作精神训练是十分有必要的。

二、培养良好的心理素质和应变能力

在焦虑、恐慌、紧张、消沉等情绪不良的心理状态下，人体或者神经很容易对外界刺激的感知迟钝、错误，极易导致签派员放行判断和操作错误。当有不正常情况发生时，签派员需要及时收集信息，并做好相应预案或者处置的决策，这些重要的工作都是以签派员具备较强的信息处理能力和良好的心理素质为载体的。如果签派员出现注意力不集中、思维不清晰、神情慌乱、反应迟钝时，就会引发遗漏或忘记相应处置程序/应急处置程序的现象，此时心理素质和应变能力就会成为影响安全的直接因素和重要基础。

（一）交互检查

交互检查是指两名签派员同时进行同一件工作的工作流程，通过最后数据或者结论的比对来检查操作的结果，这样可以高概率地确保操作的正确性。事故链的概念告诉我们，任何飞行事故/事故征候的发生并不是由单一因素造成，而是因为许多事件或错误连成一串时诱发的事故，因此在实际的工作中，我们在那些诱发因素形成事故链前"击毁"其中的一个因素，安全事故就可得到有效的预防或者控制。人犯错是不可避免的，但通过两人交互检查、复核，对每一个可能的差错都进行"排查"，"击毁"事故发生链条中的任意一个因素，就可以大大降低错误发生的概率。

（二）加强组织规范

组织规范让组织成员在一定的环境条件下知道自己"应该做什么，不应该做什么"，因此，组织对员工施加的各类规章、规范越多，范围越广泛，要求越是细致，该组织成员的行为就越容易形成一致。当然也就越容易预测各种可能出现的后果，因为预防的及时和严密，出现人为原因失误的概率就越低。但是，有的航空公司，特别是部分近两年新成立的小型航空公司因为"仓促上马""人员紧张""骨干不足"等造成了公司规范不完备、不全面，规章不能涉及安全可能的方方面面，企业文化与企业的安全文化不匹配，这些不利因素很容易导致人误事件的发生。因此，必须加强航空公司的组织规范。

（三）完善组织培训

对航空公司来说，新员工的培训、老员工的年度复训、新增业务的专业培训是一个必需的过程，也是一个需要长期贯彻的需求。培训工作在实际情况中包括了员工的业务知识和工作技能的培训，我们认为除了以上培训工作，还必须包括员工安全意识的培训和签派员相关的 DRM 培训，我们需要建立一个系统的较完善的培训体系。这个体系要求签派室做到"人人参加培训、人人通过培训"。我们建议航空公司应成立专门的培训部门，必须重视员工的培训工作，完善培训的教材和培训流程，提升培训教员的素质，构建一批稳定的高技能教员队伍，从苗头上控制不安全行为的发生。

飞行签派工作涉及航空公司安全的方方面面，签派员出现人误，轻则返航备降，重则机毁人亡。因此，对于复杂的签派人误事件的防范必须采取业务技能手段、组织和管理手段、规章规范限制的手段、安全的企业文化手段等融为一体的多重网络防御策略。单一的或孤立的措施都将是无效的，"亡羊补牢"的工作方式，也会付出很大的代价。通过建立多层重叠设置的安全防护网络系统构成多道防线，采用规章规范管理、业务技能提高和企业文化"熏陶"等手段相结合的方式构建人误事件多重防御体系，主动去分析与处置可能发生或即将发生的人误事件，最终达到降低人误、提高航空安全水平的目的。

三、签派员差错案例分析

（一）航班 CFP 错误

给机组提供的第二份飞行计划错误。

机组留存有第一份计划，实际飞行前准备是按照第一份正确飞行计划进行准备；新飞行计划送上飞机后，机组在地面准备阶段进行新旧飞行计划校核就发现问题，未造成严重后果。

（二）事件经过

后半夜值班签派员 26 日凌晨 03:20 接班，当时浦东、无锡、武汉等机场能见度低于运行标准，其中华东大面积平流雾影响。

无锡机场 26 日 03:00 实况能见度 400 米，04:00 实况能见度 800 米（无锡机场起飞标准 800 米），签派员考虑能见度正处于起飞标准，为防止机组进场后能见度再度转差导致二次退场，等到 05:00 实况能见度 1 500 米后通知机组进场，准备放行资料。

由于航班停留时间过长，签派员根据规定重新制作计算机飞行计划和放行单。

由于业载较之前放行超 1 000 lbs，通过调取模板制作新计划后发现总油量与上一份相差 4 000 lbs 左右，签派员误以为由于当量顶风减小（顶风由 59 节减小到 31 节）导致油量较之前计划减少 4 000 lbs。

由于无锡—深圳无外籍飞行员执行，只有一条航路，忽略了检查航路环节，按照已加好的油量制作了飞行计划并重新打包。

（三）案例分析评论

可能存在的问题：

（1）忽略系统自动弹出的航路对比对话框；

（2）签派员将精力过多集中在其他工作，没有分配好自身精力；

（3）没有实际找到耗油减少 4 000 lbs 的真正原因且未继续追查；

（4）缺乏自我检查和交叉检查意识。

解决方案：

（1）切实执行系统在发报通过后，自动弹出的航路对比对话框；

（2）合理分配自身精力和注意力；

（3）加强自身业务知识的积累；

（4）B 组已建立航路数据库及交叉检查机制，要求每个航班放行打包完成后责任签派员通知助理签派员按检查单进行打包资料核查。

第六章　团队建设与协作

以往，人们认为安全取决于每个员工的技能和经验，这反映在我们平时对个人技能的严格要求和大量投入上，也反映在我们以前对"木桶理论"的推崇和积极应用上。但实践证明，随着科学技术的发展，新的设备和设施不断得以使用，个人技能在保证安全运行中并不是决定因素，安全与否取决于工作小组内的成员是否协调配合，取长补短，最大限度地发挥小组的整体功能。

第一节　团队建设

目前班组或者团队的形式已经成为全球企业在发展过程中普遍采用的一种工作形式,科学合理的配置团队或班组人员结构不仅为企业发展节约成本、创造更高的效益，还能使企业在复杂的竞争环境中立于不败之地。从20世纪起，团队就已经成为企业管理领域非常流行的概念，历史数据资料表明，美国大概有将近40%的企业或者组织在人员管理及工作模式上采用了团队管理的形式。这些企业或组织采用的以团队为基础的人员管理及工作模式取得了非常显著的效果，以至于团队也成为一些国际知名企业如通用电气公司和惠普公司等的主要运作模式。团队的工作模式更能有效应对多变的企业竞争环境，具有稳定、灵活、反应迅速的特点。团队工作模式在管理相关领域的盛行，也使广大研究者对团队工作模式的研究产生了浓厚的兴趣。一个团队的构建和发展需要团队成员之间的相互协作，从某种意义上来说，一个企业或者组织的顺利运作及健康发展是需要多方面的协作和整合的。那么，团队或者班组人员的配置是否合理，团队成员之间是否愿意为实现既定的目标而进行的及时沟通、交流、协作也成为广大研究者们一直关注和研究的问题。大量的研究事实也充分说明，如果某工作任务需要多种技能才能顺利完成，那么通过一个可以相互协作的、高效的团队工作模式通常比个人独立完成的效果更好,并且团队能够促进组织的高效运行,有助于更好地发挥个人的才能,使组织在完成某一项工作任务的过程中实现"1+1 > 2"的功效。

在实际生产运行中,签派员充当的角色是航空公司运行资源的支配者和协调者,其综合素质能力的高低与航空公司航班运行品质的高低具有紧密联系,因此飞行签派队伍综合素质能力的提高是航空公司发展的重中之重。民航局为向航空承运人提供飞行签派员资质评估及资质管理的标准和方法,同时为局方监察员实施持续监督检查提供指南,于2016年10月10日下发了《航空承运人飞行签派员资质管理标准》,对飞行签派员的个人综合能力要求做出了新的规定。由此可见,如何科学合理地评估签派员的个人综合能力及配置签派员班组人员的构成成为民航局及航空公司发展过程中首要解决的关键问题。

一、团队的内涵

团队是一组人为实现一个共同的目标而一起工作的人群。

团队合作是一种为达到既定目标所显现出来的自愿合作和协同努力的精神。

团队的基本要素包括以下五点。

1. 团结稳定

一个团队,首先要团结,其次要保证团队成员相对稳定,这样才能算得上具备一个团队的基本雏形。例如:一辆车,要配置合理、结构稳定,才能保证具备基本的安全性,才可以出发上路,驶向终点。

2. 目标统一

方向一致、目标一致,形成合力,而不是各走各道、各行其是,才能保证整个团队实现预定的目标。要想达到目标,首先要设定目标,达到思想的统一,才会有行动的统一。例如:同一辆车在导航仪中设定好目标,选择好合理的、唯一的路线后,才能快速驶向目的地。

3. 方法得当

有了清晰的目标,就要在执行过程中选择合适的方法、途径,无论是管理的方法,还是工作分工的方法、市场竞争的方法、协作的方法等,都需要根据团队的特点、环境的条件进行梳理、筛选,并对最终目标进行过程谁负责维修保障等分工要明确，阶段性的目的地、落脚点的规划、实施要有计划性，才能保证快速驶向最终的目的地。

4. 有效保障

有目标、有方法，还需要有各项流程、制度、手段的保障，才能确保团队在执行过程中不会偏离预订的目标，并保持流畅的协作与不断提速的推动力，从而保证团队的执行力，快速实现预定目标。无论是团队成员的情绪管理，还是团队的纪律性、规范性，都需要相应的流程、制度来管控；同时也需要团队领导持续不断地引导团队的内外部沟通，及时有效的上下沟通、平等沟通是贯穿整个执行过程的基本手段。此外，公正、公平、及时、客观、赏罚分明的激励机制，也是团队执行中规范行为、提升效率的基本保障。

5. 总结沉淀

一个优秀的团队，无论是在目标执行过程中，还是在目标达成之后，都会不断地对前一阶段的具体实施工作内容、执行情况、阶段性成果进行回顾与总结，加强反思与研讨，是修正目标、改善工作、调整方法、优化流程、加强保障的最佳途径；同时，将前阶段团队执行中的优点、成功之处。及时地进行总结、强化、沉淀、固化，可以帮助团队培养出优秀的传统与独特的气质，并逐步形成该团队特有的向心力、凝聚力，从而不断成长、日益成熟直至优秀，这也是一个团队自我完善、自我升级、超越自我、提升价值的必经之路。

二、团队的特点

1. 明确的目标

团队成员清楚地了解所要达到的目标，以及目标所包含的重大意义。

2. 相关的技能

团队成员具备实现目标所需要的基本技能，并能够良好地合作。

3. 相互间信任

每个人对团队内其他成员的品行和能力都确信不疑。

4. 共同的诺言

这是团队成员对完成目标的奉献精神。

5. 良好的沟通

团队成员间拥有畅通的信息交流。

6. 谈判的技能

高效的团队内部成员间角色是经常发生变化的，这要求团队成员具有充分的谈判技能。

7. 公认的领导

高效团队的领导往往担任的角色是教练，或起到后盾的作用，他们对团队提供指导和支持，而不是试图去控制下属。

8. 内部与外部的支持

内部与外部的支持既包括内部合理的基础结构，也包括外部给予必要的资源条件。

三、团队与群体的区别

群体指一定数量的个人通过一定的社会关系而结合起来的集合体。小至2人以上组成的家庭，大至民族、阶级，都是群体。

团队指两个以上相互作用或者相互依赖的个体，为了实现某些特定的目标而结合在一起的一个组织。

群体与团队的区别（表6-1）体现在以下方面：

表6-1　工作群体与工作团队比较

对比指标	工作群体	工作团队
目标的实现	个人	目标一致
合作性	中性	积极主动 利益共享
责任心	个人	个人+集体
技能	随机/不同	技能互补

（1）领导方面。群体应该有明确的领导人，团队可能就不一样，尤其是团队发展到成熟阶段，成员共享决策权。

（2）目标方面。群体的目标必须与组织保持一致，但团队除了这点，还可以产生自己的目标。

（3）协作方面。协作性是群体和团队最根本的差异，群体的协作可能是中等程度的，有时成员还有些消极、有些对立，但团队的协作表现为一种齐心协力的气氛。

（4）责任方面。群体的领导者要负很大责任，而团队中除了领导者要负责之外，每一个团队的成员也要负责，甚至要相互作用、共同负责。

（5）技能方面。群体成员的技能可能是不同的，也可能是相同的，而团队成员的技能是相互补充的，把不同知识、技能和经验的人综合在一起，形成角色互补，从而达到整个团队的有效组合。

（6）结果方面。群体的绩效是每一个个体的绩效相加之和，团队的结果或绩效是大家共同合作完成的产品。

四、团队的条件

1. 自主性

自发自觉地做事情，充满了主动性，每个人都是工作的主体，都对工作充满了热情。

2. 思考性

在自主性的基础上，员工在工作中运用自身的知识体系，不断地完善工作，找出其不足，并迅速行动解决问题，使工作完成得更好更完美。

3. 合作性

在工作中积极主动地进行协调与合作，互帮互助，为达成同样的目标而共同努力。

五、案例分析

2012 年 3 月 17 日早晨，北京大雾低能见，天气预报显示 10:00 以后好转，能达到落地标准，公司签派员在进行航班调整时，考虑因素不周全，导致一系列被动。特对此做出案例分析。

（一）事件经过

当日乌鲁木齐早出港情况如下：乌鲁木齐过夜飞机共 6 架，均为波音

737-800，早出港 3 个航班，3 架飞机为可用备份运力。A 航班计划由 B 航班飞机执行，前段接 A 航班，根据当时情况 A 航班延误。考虑到本场有备份运力，且 A、B 航班机组、乘务组均不连飞，可利用备份运力保障航班正常。10:30 左右向 FOC 控制席电话建议将 A、B 航班拆开执行，控制席值班人员答复考虑下。11:08 FOC 发布 2012-3-17/042 号航班调整通知单，调整 A 航班延误，B 航班顺延至 20:30，未将两个航班拆开来执行。看到航班调整通知后，新疆 SOC 值班人员随即电话联系 FOC 控制席，告知乌鲁木齐有备份运力，可将 B 航班换飞机执行。11:45 FOC 发布 2012-3-17/045 号航班调整通知单，调整 B 航班改由备份运力 B 飞机执行，同时将航班时刻调回 19:00。14:00 左右乌鲁木齐机场票台反映有前来办理 B 航班乘机手续的旅客收到航班延误的短信，新疆 SOC 值班人员联系 FOC 控制席，海口方面反映也接到这样的信息，并且已经通知客户服务席处理。17:45 左右 B 航班飞行机组一直未签到准备，电话联系机组，机组称接到短信通知航班延误至 20:30，向机组说明航班调整情况后机组随即进场，18:20 开始登机，18:40 左右机组高频联系签派反映向管制申请放行时管制未收到公司计划，联系站调，站调称收到的 B 计划起飞时间为 20:30，经协调重新拍发计划后管制同意航班 19:00 执行，航班关舱时间 18:55，实际起飞时间 19:08，最终航班正常起飞。

（二）案例分析评论

　FOC 调整航班时未充分考虑乌鲁木齐有备份运力，且没有重视新疆 SOC 航站控制中心提出的调整建议，造成航班反复调整，导致后续系列问题。航班调整延误又调整恢复正常后，对飞行机组、管制单位只发布了航班延误的信息，未通知相关部门及人员航班恢复正常的信息，造成后续航班保障工作的被动。旅客接到航班延误的通知，后续航班调整正常后也未及时通知旅客，如果旅客按照 20:30 起飞时刻办理手续，势必会造成大量旅客晚到。上述问题都存在导致航班延误的潜在因素，任何一个环节问题得不到解决，航班都无法正常起飞。

　案例讨论题及评分要点：遇到航班反复调整时，签派员应该如何处置？

（1）航班发生延误时，FOC 与 SOC 之间应当加强沟通与联系，团队成员应充分尊重彼此的建议，共同做出航班调整的最佳决策。

（2）航班调整人员在对航班做完调整工作后，团队备份人员需持续关注，加强对延误航班的监控。

（3）航班调整前应充分考虑与班组的沟通与协作，避免再次出现反复调整的情况。

第二节 团队协作概述

企业想要成功，单靠领导人的力量是远不够的，手下的每一个部门、每一个团队都是一个企业成功的重要因素。企业想要发展，不断地变好，那么在适当的时机进行一些团队建设是很有必要的。团队建设的重要性被越来越多人和企业所认可，并且开始付诸行动。

一、航空公司的团队协作

对航空公司而言，团队协作的重要性主要体现在以下 3 个方面：

1. 团队协作有利于提高企业的整体效能

发扬团队协作精神，加强团队协作建设，能进一步节省内耗。如果总是把时间花在怎样界定责任，应该找谁处理，让旅客、员工团团转，这样就会减弱企业成员的亲和力，破坏企业的凝聚力。

2. 团队协作有助于企业目标的实现

航空公司目标的实现需要每一个员工的努力，具有团队协作精神的团队尊重成员的个性，重视成员的不同想法，激发成员的潜能，真正使每一个成员参与到团队工作中，风险共担，利益共享，相互配合，完成团队工作目标。

3. 团队协作是企业创新的巨大动力

人是各种资源中唯一具有能动性的资源。企业的发展必须合理配置人、财、物，而调动人的积极性和创造性是资源配置的核心，团队协作就是将人的智慧、力量、经验等资源进行合理的调动，使之产生最大的规模效益，用经济学的公式表述为"1+1 > 2"模式。

二、团队协作的方法

团队协作的重要性已经不言自明，那么怎样才能做到团队协作呢？

（一）团队协作

团队协作是一种为达到既定目标所显现出来的资源合作和协同努力的精神，它可以调动团队成员的所有资源与才智，并且会自动地驱除所有不和谐、不公正的现象，同时对表现突出者及时予以嘉奖，从而使团队协作产生一股强大而持久的力量。团队协作不是参照管理学中的管理方法就可实现的，在采用这些方法之前，团队要做好 6 个方面的基础工作，才能切实实现团队协作：① 建立和谐关系，创设良好的人际氛围；② 个体积极参与集体活动，增强团结协作精神；③ 营造你追我赶、力争上游的工作氛围；④ 充分信任同事；⑤ 充分发挥团队作用；⑥ 建立良性冲突。

要建设一个具有凝聚力并且高效的团队，首先是建立信任感。这意味着一个有凝聚力的、高效的团队成员必须学会自如地、迅速地、心平气和地承认自己的错误、弱点、失败。他们还要乐于认可别人的长处，即使这些长处超过了自己。以人性脆弱为基础的信任是不可或缺的，离开它，一个团队不能、或许也不应该产生直率的建设性冲突。

一个有团队协作精神的团队是允许良性冲突存在的，要学会识别虚假的和谐，引导和鼓励适当的、建设性的冲突。这是一个杂乱的、费时的过程，但这是不可避免的，否则一个团队建立真正的承诺就是不可能完成的任务。

（二）坚定不移地行动

要成为一个具有凝聚力的团队，管理者必须学会在没有完善的信息、没有统一的意见时做出决策，并付诸行动。而正因为完善的信息和绝对的一致非常罕见，坚定的行动力才成为一个团队最为关键的行为之一。

（三）无怨无悔彼此负责

卓越的团队不需要领导提醒团队成员竭尽全力工作，因为他们很清楚需要做什么，他们会彼此提醒注意那些无助于成功的行为和活动，而正是这种无怨无悔的付出才造就了他们对彼此负责、勇于承担的品质。

三、团队协作的法则

（一）投资"标志性"的人际关系

为改善员工间的沟通协作及人际关系，很多公司投入了大量资源，团队协作最佳的公司往往采用了所谓的"标志性"举措，从而让人印象深刻、他人难以复制，又与公司的商业氛围相吻合。

（二）高层管理者以身作则鼓励协作

高管之间紧密协作的公司，其员工团队也往往合作得很好。这里的挑战是要让员工切切实实地看到高管的行为。

（三）营造"馈赠文化"

所谓"馈赠文化"，是指员工珍视与领导和同事的交往，视之为对方慷慨馈赠的礼物。管理者在日常工作中给予员工的非正式指导，有助于营造协作型的"馈赠文化"。

（四）培养必备的合作技能

两项人力资源举措确实能够提高团队绩效：一项是开展和协作行为有关的技能培训，另一项是支持非正式社区的建设。人力资源部门若能指导员工建立和谐关系、开展高效沟通和创造性地化解冲突，将会极大地促进团队协作。

（五）支持环境氛围

人们如果有强烈的团队责任感，就会更加愿意帮助他人，与他人分享知识。人力资源部门可以通过举办员工联谊、周末厨艺展示、网球培训班等集体活动，或者制定相关政策鼓励员工发起类似活动，来培养团队精神。

（六）理解角色的明确性和任务的模糊性

角色界定清晰，团队成员就会把注意力放在如何完成任务上，而不是相互扯皮或保护自己的"地盘"；如果实现目标的路径不明确，团队会觉得，要完成任务必须发挥创造力，因而也愿意投入更多的时间和精力相互合作。

（七）充分利用既有关系

团队中陌生人太多的时候，人们分享知识的意愿就会较弱，因此最好在团队里安排几个相互熟悉的人。他们会成为人际关系网上的一个个节点，并最终联结成一个完整的网络。

（八）选派任务与关系兼顾的领导者

任务导向和关系导向究竟哪种是成就卓越领导力的关键要素，人们对此总是争执不休，但事实上这两种导向对于带领团队取得成功都非常关键。通常来说，最好是在项目早期偏重于任务导向，然后在团队工作全面铺开时转变为关系导向。所以，选择一个兼顾任务与关系能力的领导者至关重要。

第三节　如何做好团队协作

一、团队协作的表现

关注团队任务进度，促成团队合作，培养团队氛围，建立团队精神。团队协作的形式如表6-2所示。

表6-2　团队协作的形式

被动合作	没有合作的意识，只有在团队其他成员的要求下，才能执行团队分配的任务
职责范围内合作	表达出合作的意愿，没有具体合作的表现，按照团队的纸张分工，按部就班进行工作，但未考虑自身工作与其他成员工作的衔接关系
寻求合作	主动了解自身工作与其他成员工作的关系，明确自己在团队中的职责，根据团队工作计划建立个人工作计划； 保持与同事沟通，不断确认自身工作与其他团队成员工作质量和进度程度； 完成自己工作的同时，提醒和帮助其他同事赶上团队整体工作进度，甚至付出额外时间帮助团队成员
促成合作	表现出团队荣耀感，制订个人计划的同时，考虑团队成员工作之间的衔接关系，对团队成员工作间的时间衔接敏感，督促其他团队成员完成团队的工作； 关注团队成员的需求，预测合作中可能发生的矛盾，主动解读成员疑问，通过自身的行为和影响化解矛盾，促成团队内合作和谐氛围； 将团队的利益置于个人利益之上，为完成任务，达成团队目标，牺牲个人利益

负面的资质行为：

（1）工作中不配合其他成员工作，甚至故意拖延工作进度。

（2）不愿意跟团队成员分享与工作有关的信息或资料。

（3）在团队成员有困难，寻求帮助时，不提供任何的帮助。

二、培养正确的团队合作价值理念

共享价值观：共享价值的的确确提供了人们做决策和采取行动的架构，而这些决策和行动会影响整个组织的具体表现。

共享价值的作用：在一个快速的工作场所，共享价值理念是引导员工做出正确决定与行为的稳定基础，它主张积极地鼓舞员工为公司付出，借此创造出竞争对手难以复制的组织竞争优势。

（一）优秀的企业文化

优秀的企业文化至少应该具备以下特征：

（1）鼓励竞争与创新；

（2）体现成就感、团队合作精神和整体荣誉感；

（3）企业在其自身环境中营造的文化氛围，应具有浓厚的认同性；

（4）体现富有个性的企业形象与文化品位。

（二）做好团队协作的有效方法

1. 团队协作中的分工

分工的原则：团队每个成员的具体工作及相应职责都必须被合理并明确地划分。所谓合理的划分，即每个团队内成员的能力必须与其从事的具体工作相匹配。所谓明确的划分，即使每个团队成员的具体工作和职责都得到的无法模糊的确认，使得团队内各成员都必须对其本职工作负全责，如图 6-1 所示。

合理的分工使得团队内的各成员得到真正的"物尽其用"，而明确的分工使得团队内各成员拥有明确的责任意识，也可以大幅提高相互协调合作的效率。

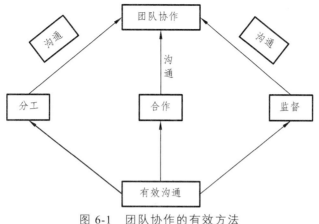

图 6-1　团队协作的有效方法

2. 团队协作中的合作

　　分工是团队协作的第一步，紧接着就是项目过程中具体的合作了。而合作的关键在于，对团队内各成员具体负责的工作进行有机整合，协调机制的重点是沟通。在团队协作上，沟通主要体现在纵向的上下级及横向同级成员间的相互交流上。良性的沟通事实上往往建立在项目组内部良好融洽的人际关系上。上下级互相尊重，同级人员则相互信任，而不是钩心斗角。

　　3. 团队协作中的监督

　　监督促使团队内各成员都负责地完成好本职工作，并使之不进行任何可能危害实施的行为。惩罚的作用是矫正成员的不负责态度和危害性行为，使之树立起认真负责的态度，并给其他成员以警示。激励的作用则是巩固成员对本职工作负责的态度，从而延续这种正确的工作态度，并给其他成员以榜样。监督一般分为团队内的互相监督、独立于团队外的上级监督。团队内监督可以随时进行，具有灵敏的反应能力。

　　4. 团队与个人

　　个人之于团队——鱼与水；团队之于个人——荣辱与共。团队与个人的关系如图 6-2 所示。

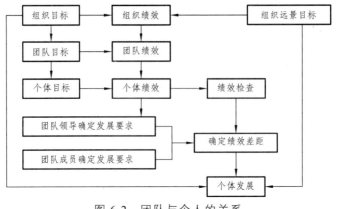

图 6-2　团队与个人的关系

三、如何有效领导团队

关注团队成员的情绪和工作成绩，运用沟通和自身影响等方式激发团队成员的工作热情，督促团队成员完成工作，配置和调动各类资源，帮助团队完成任务、实现团队目标。

1. 简单分配

分解任务并落实到每一位团队成员，同时设定各成员的时间和目标，但没考虑团队成员的专业背景、资质、兴趣和爱好。

2. 巧妙安排

根据团队成员专业背景、资质、兴趣和爱好，结合工作特点分配工作，制定规章制度要求团队成员交流和合作。表达培养团队成员的意愿，但没有具体计划或行动。

3. 树立榜样、建立威信

了解自身的行为对团队成员的影响，运用沟通，个人威信，奖励或各种影响让员工接受自己的观点。为团队目标实现提供具体的指导、示范和有针对性的改进建议，以言传身教的方式帮助团队成员学习和掌握完成团队任务的知识和技能。

4. 凝聚团队、指引方向

关注团队成员的精神面貌和工作情绪，在团队成员情绪低落的时候，通过煽动性的讲话、加班加点的工作、刻苦钻研的精神等表现激发团队的斗志，增强团队成员的信心。

　　根据团队成员的不同需要提供激励和约束,发挥团队成员的工作热情,为团队成员安排有针对性的工作任务,培训项目或其他实践机会,制造让团队成员认识和发现问题解决方法的计划,开发和推广有特色的团队成员培训方法。

　　团队建设分为形成、动荡、规范和表现四个阶段,如图 6-3 ~ 6-5、表 6-3 ~ 6-6 所示。

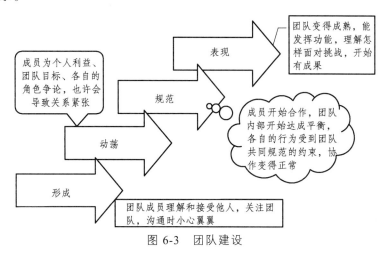

图 6-3　团队建设

表 6-3　团队形成阶段

感受和想法	激动、骄傲、害怕……我是谁?
可观察到的行为表现	警惕、提防、不确定、焦虑 最低限度的沟通 缺乏自信
团队需要	了解目标、成员资格、角色、责任、工作任务、准则、程序
所需领导艺术 ——引导	引导——确定目标、明确责任、告知团队做什么,何时、何地,单向交流

表 6-4　团队动荡阶段

感受和看法	谁最适合去做?……我该信任谁
可观察到的行为表现	争论、防卫、竞争、思想分歧、抱怨和挑战他人/领导者,考虑如何一起工作
团队需求	达成共识的程序,行为规范,解决分歧,解决为题
所需领导艺术 ——辅导	辅导——探讨差异,提供咨询,说服,讲解,做出最终决定

表 6-5　团队动荡阶段

感受和想法	团队的归属感，我能信任团队成员并且他们也信任我，我们能完成任务
可观察到的行为表现	强烈的团队本位意识，团队的人际关系进一步发展并经受住了考验，合作态度明显，程序和行为规范得以建立并得到认可和实施，沟通频繁
团队需求	解决问题，做出决定，指导的技能
所需领导艺术 ——支持	支持——参与，倾听、鼓励

表 6-6　团队表现阶段

感受和想法	愉快，激动，通过团队参与自我受到鼓舞，强烈的成就感
可观察到的行为表现	挑战自我管理能力，工作热情，高水平的相互支持，把团队的进步看成个人的进步，有能力解决团队内部的问题，工作程序流程，自愿尝试新办法
团队需求	保持团队动力，接受新成员的资源，衡量绩效表现
所需领导艺术 ——授权	授权——观察，监控，提供很少的指导，只要定下目标

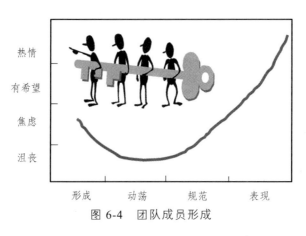

图 6-4　团队成员形成

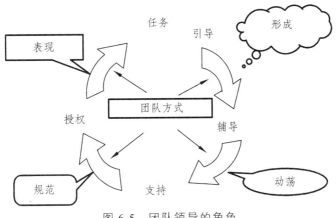

图 6-5　团队领导的角色

5. 如何管理和领导团队

打造优秀管理团队的过程，最能体现单位领导的驾驭力、控制力、协调力。单位领导打造优秀团队，需要通过文化引领正确指引团队前进方向，通过目标激励不断激发团队工作活力，通过示范带动推动团队进位争先，通过心灵交流完成团队内部沟通互动，通过主动搭台打造团队干事平台，通过严格奖惩树立团队工作导向，通过建章立制强化团队行为约束，通过注重反省提高团队纠偏能力。

一个优秀的管理团队，必定是有野性、有狼性、有血性的团队，是有闯劲、有拼劲、有韧劲的团队，是有激情、有热情、有才情的团队，是关键时刻冲得出、豁得出、打得赢的团队，是凝聚力、战斗力、自制力极强的团队，是单兵作战、综合作战、协调作战能力强的团队。管理这样一个优秀团队，最能体现领导的驾驭力、控制力、协调力。

一是引领方向。一个优秀的管理团队，必定有一种内化于心、外化于行的核心文化，这种文化是单位长期管理实践中形成的价值观念、大家自觉遵守的行为规范，引领着单位的发展方向。作为单位领导，要想将管理团队凝聚在自己的周围，除充分发挥自身人格魅力等非权力性影响力外，必须将单位文化建设放在突出位置，大力培养或塑造单位的主流价值观、核心引导力，使单位文化发挥指挥棒、风向标的作用。

二是引领精神。毛主席说过，人是要有点精神的。一个人如果没了精神，就如同行尸走肉，无精打采，萎靡不振，精神恍惚。一个单位如果没了精神，就形如一盘散沙，各自为政，各行其是，工作没有精气神，干事没有积极性。作为单位领导，必须培育和塑造一种能凝聚人心、激发斗志的单位核心文化，以此将整个单位的力量凝聚起来、精神焕发出来，个个精神抖擞，人人斗志昂扬，干事创业有使不完的劲儿，给人一种生龙活虎、朝气蓬勃的印象。

三是引领事业。文化是一个单位事业发展之魂，起着引领人、塑造人、凝聚人的重要作用。作为单位领导，要想单位有新作为、新风貌，必须大力培育和塑造单位核心文化，增强整个团队对单位核心文化的认同感、依赖感、信任感，使团队成员自觉凝聚起来，视单位为家庭，把工作当事业，以主人翁的姿态，积极融入团队，主动建设团队，与团队同舟共济、荣辱与共，争做事业发展的推进者、示范者、见证者和共享者。目标激励：不断激发团队工作活力，一个优秀的团队，一定是有目标、有方向的团队，靠工作目标激发团队斗志、调动工作热情。

作为领导干部，要带头立规矩、守规矩、用规矩，让规矩严起来、实起来，成为带电的高压线和不可触碰的警戒线。

一是工作规则。没有规矩，无以成方圆。管理一个团队就像经营一个家庭，会碰到这样或那样的事，若没有一个对全体成员具有普遍约束力、公平合理的制度，就会乱成一锅粥、成为一盘散沙。作为领导干部，单靠自身行为示范带动、道德引领教化，而不靠制度规范约束，管理就会缺乏持久性、约束性、强制性，必须适应形势发展变化、团队建设需要，针对存在问题，建立务实管用、切实有效的工作规则。

二是行为规范。行为规范是社会群体或个人在参与社会活动时所遵循的规则、准则的总称，是社会认可和人们普遍接受的具有约束力的行为标准，对全体成员具有引导、规范和约束作用。作为领导干部，要建立一整套行为规范，从日常说话、办事、值班、保密、接待、会议、协调等方面都要做出具体的规范。既要带头遵守规范，又要模范践行规范；既要规范自己，又要规范他人；既要行之有度，又要守之有据。

三是制度规定。制度是制约权力运行的笼子、维护政治生态风清气正的屏障，是领导干部廉洁从政和行使权力的红线、底线、高压线、警戒线，领导干部绝不能触碰和逾越。领导干部既是制度的制定者，更是制度的遵守者，要敢于刀刃向内，向自己亮剑，不能嘴上遵守制度而行为上破坏制度。要牢固树立底线思维，坚持原则，守好规矩、守住底线、不碰红线，成为遵规守纪的带头者、良好政治生态的维护者。注重反省：持续提高团队纠偏能力自省者自知。领导干部既要管好自己，又要带好团队；既要保证方向不偏，又要保证队伍不乱。

四是反省失误。俗话说，小洞不补，大洞受苦。人的一生，难免会有失误。工作或生活中有了失误，就要及时反省、迅速弥补，不要等到情况变得不可收拾、事情搞得无法挽回再去纠偏差、补漏洞。作为领导干部，既要有见微知著、小中见大的洞察能力，又要有正视失误、改正失误的纠偏能力，要深入思考失误是工作思路、工作方法问题，还是工作能力、工作经验问题，或是工作态度、工作作风问题，根据失误的情形分门别类地加以纠正。

五是反省延误。作为领导干部，要学会抽丝剥茧、统筹兼顾，善于从繁杂的事务中理出重点，冷静思考一下哪些工作是重要的，哪些工作是一般的，哪些工作是急需的，哪些工作是可缓的，对重要的、急需的工作，一件也不能延误，一刻也不能耽误，必须马上办、办得好。对那些耽误的大事、要事进行反省，看究竟是工作方法有问题，还是工作没有摆布开，在反省中反思，在反思中改进，绝不能在同一件事上犯两次错误、在同一个地方栽两次跟头。

四、案例分析

B飞机执行航班任务时左发过热灯亮，经同意后返航，22:46成功备降海口，签派查阅相关资料后，判定飞机可能无法正常返回深圳，立即启动航班调整，用 ZH 飞机深圳到海口后执行此航班，这样能保障此旅客顺利成行，并且能把此航班的延误时间控制在 3 小时以内。　随后进行调整，01:23 顺利从海口起飞，总共延误 3 小时 10 分钟。B飞机在经过检查后，保留放行回深。

（一）事件经过

B飞机，海口—深圳航段。

22:08，飞机从海口起飞。

22:35，签派接到海口代办电话，称 B 飞机返航海口，因发动机过热。签派得到这个消息后，立即跟海口站调进行确认。得到同样的消息，证实 B 飞机是因为左发过热灯亮而返航备降海口，其他具体情况还不了解，飞机预计22:45 在海口落地。

签派随即将信息通知机务MCC让他们安排人员和航材准备赴海口排故；同时运行值班经理让其他人进行协助将信息向公司一号、飞行值班、安监通报。同时签派员将信息通知到地服让其保证落地后的服务，如有必要可能要安排机组休息；与此同时暂停深圳本场的 ZH 航班上客，在本场等待进一步的指示。然后签派开始查阅《737-NG 飞机快速检查单》（QRH），签派查阅后，判断 B 飞机很大可能不能正常返回深圳，立即启动航班调整，用 ZH 飞机深圳到海口后执行此航班，这样能保障此旅客顺利成行，并且能把此航班的延误时间控制在 3 小时以内。随后进行调整。22:46 飞机在海口安全落地，立即与机组进行了解，得知 B 飞机在海口起飞后，爬升到 3 900 米，出现左发过热灯亮，发动机火警灯也亮，机组按检查单操作后，过热灯熄灭，飞机返航海口。之后，此航班在 01:23 顺利从海口起飞，总共延误 3 小时 10 分钟。

深圳基地派人到海口排故，检查左发各环路电阻值正常，目视检查风扇框架下部探测环较脏，有较多滑油，未发现发动机漏气迹象，更换火警控制盒、风扇框架下部探测环。试车至 $N_1=99\%$，过热灯不亮，但停车后，左发 B 火警环路测试不通过，保留放行回深。

（二）案例分析评论

使用 SHELL 模型分析如下：

（1）人-软件：主要涉及运行系统支持以及快速检查单、签派工作流程。

（2）人-硬件：目前深航与机组的沟通方式比较单一，飞机在地面主要通过电话进行沟通，对于空中的突发情况只能依赖于 ACARS 或空管部门，造成机组和签派员之间的沟通较为被动。

（3）人-环境：主要是航空公司 AOC 运行环境，目前公司签派员配备情况如果出现特情，会造成签派员工作负荷较大问题。

（4）人-人：签派员作为运控的主体，在接到飞机空中故障信息时，应立即建立情景意识。在日常工作中，应当加强签派员对飞机系统和飞机操作知识的学习，以便飞机在空中发生故障时签派员可以清晰故障可能导致的后果，并判断机组意图，为机组提供及时可靠的地面支援。在出现特情时，要弄清机组的判断以及结合实际提出建议，要尊重飞行和机务的决策支持，做好特情处置检查单的相应记录，并通知相应领导。

（5）要正确理解发动机过热和发动机火警等故障的区别，一般情况下，如果发动机过热灯亮，一个可能是发动机确实存在过热现象，另一个可能是指示故障或探测环路故障。

（6）要正确操作，将过热发动机的推力手柄全部收回，如果依然出现过热现象则需要执行完成发动机火警、严重损坏或脱落检查单。

转阅 QRH 中发动机火警或发动机严重损坏或飞脱。

（7）航班保障由计划签派员负责。

（8）飞行员作为航空公司独一无二的人力资本，在遇到航班因设备或机械故障无法在执飞时间内完成任务，要充分保障飞行员的休息。

（9）飞机因设备或机械故障导致无法正常到达目的机场，做出调机调整，这涉及飞机的排班计划问题。飞机排班是指飞机调度员根据市场部下达的航班计划、机务部提供的飞机维修计划每架飞机的技术状况以及飞机调度指令，为每个航班指定一架具体执飞的飞机，又称飞机的机尾号分配，飞机排班是航空公司生产计划中的一项控制性工作，其质量不仅决定着运输生产能否安全、正点运行，而且还关系到飞机维护计划能否顺利执行。

1）飞机空中故障备降场选择

2）签派与机组之间通信较为被动，4分钟语音通信需求

3）信息通报程序

（1）当公司发生突发事件后，运行值班经理根据当日总值班经理的指示，安排专人负责信息通报；

（2）公司各单位值班人员当接到当日总值班经理启动应急程序的信息后，应立即通知本单位当日值班经理，并根据突发事件等级启动对应单位内部信息通报程序；

（3）运行中心负责应急信息通报的人员应立即编辑短信（包括突发事件的航班号、突发事件地点、突发事件类型、应急反应程等级、应急反应要求），通过公司短信平台发布给公司应急指挥中心成员及各应急职能小组成员，并通过电话与五个应急职能小组联络员确认；

（4）各应急职能小组联络员负责本小组所有成员应急信息的通报、确认。

4）签派资源管理（人员分工）

组织指挥紧急情况处置，协调各岗位之间的配合，对重大事宜的请示决策，本款责任内容可由总签派带班主任负责；处于紧急情况下飞机飞行的重新签派决策，协助机长进行紧急情况处置和与机长之间的通讯联络与记录。本款责任内容可由总签派带班主任负责；负责紧急情况处置过程有关各类信息的传递，包括与上级领导机关（如总调、管调等）、空中交通管制、机场当局及公司相关部门的联络，互通信息等。本款负责内容可由飞行监控签派员负责；飞行计划签派员协助飞行监控签派员工作，需要时，前往指定地点（机坪区或管制室、塔台等）实地了解情况，总签派室与机坪或空中交通管制部门之间的联络与信息传递。可通过 ACARS、HF、空管系统等多种方式向机长提供飞行过程中涉及安全的必要信息。本款责任内容可由飞行监控签派员负责；航班保障可由计划签派员负责。

5）飞机系统知识

6）飞机故障发生后，检查后续航班是否有影响（包括飞机故障保留对后续航班的影响）

7）特殊情况检查单的填写

飞行签派室得知事件发生时，应按下列条款记录：

（10）航班号、起飞机场、计划着陆机场；

（11）飞机型号、飞机识别号；

（12）机组成员名单；

（13）旅客人数；

（14）发生时间；

（15）事件发生地理位置；

（16）发病或受伤旅客人数；

（17）事件性质、天气和已知的飞机损坏；

（18）货舱是否装载危险品，已知的货物、邮件或财物的损坏；

（10）复印与事故有关的天气、飞行计划、签派放行和航行通知资料；

（11）通信记录。

第四节　团队绩效管理

团队成员的绩效管理是项目团队绩效管理的一部分。团队绩效管理包括三个步骤：团队领导与成员、成员与成员之间进行沟通，明确团队要完成的任务目标；对团队的绩效进行考核和评估；进行绩效强化与绩效发展。绩效管理的核心是通过提高员工绩效，达到提高团队绩效和企业整体绩效的目的。

业绩考核与素质评估是对项目团队成员绩效管理的重点。业绩考核不仅指那些可以用经济指标衡量的业绩结果，还包括工作进展情况或完成业务情况。素质评估是对团队和成员的职业道德、个人品德、理论知识、管理能力和团队协作精神等素质方面的评价。业绩考核引导团队重实效、重实绩，素质评估则引导员工注重个人的全面发展和团体协作，两者均有其积极意义。但是过分强调任何一方，都不利于团队和企业的健康发展，应当在业绩和素质之间权衡确定恰当的比例。为了使考核的价值取向趋于积极，引导员工成为积极有为的开拓者，企业须侧重于<u>业绩考核</u>，因为业绩考核较客观、准确且易量化，而素质评估较主观、模糊，所以考核侧重于<u>业绩</u>也有利于提高考核结果的客观性、准确性。业绩考核要制定科学的评价标准，并对考核指标进行量化；素质评估只要抓住几个关键指标即可，不用面面俱到。

一、绩效管理的方法

（一）平衡计分卡应用于绩效管理

平衡计分卡理论从企业发展的战略角度出发，将企业及其内部各部门的任务和决策转化为多样的、相互联系的目标，通过财务、客户、内部流程、学习与成长在内的多项指标组成的绩效评估体系。团队成员平衡计分卡的绩效维度从以下4个方面形成：

（1）团队成员的工作目标。它是团队目标的分解或其中的一部分。

（2）团队成员的工作过程。团队成员以知识技能互补、分工协作的工作过程，决定完成何种工作职责。

（3）团队成员的学习与成长。团队成员进行学习、参与培训，不断提高应对变化的能力，有利于提高工作效率。

（4）团队成员工作职责。只有成员高质量地完成工作职责，才能形成合力，实现团队目标。

（二）目标管理应用于绩效管理

目标管理使企业的上级和下级一起协商，根据企业的使命确定一定时期内企业的总目标，由此决定上下级的责任和分目标，并把这些目标作为企业绩效考核和考核每个部门、团队和个人绩效对企业贡献的标准。在运用目标管理法制定绩效目标时，应遵循 SMAR 原则，即：绩效目标应该是明确具体的（Specific），体现出企业对每个团队和团队成员的绩效要求；绩效目标应该是可衡量的（Measurable），可衡量是指将团队及团队成员实际的绩效表现与绩效目标相比较，可衡量但不一定要绝对量化；绩效目标是有行为导向的（Action-oriented），应包含对团队成员在实现其绩效结果的过程中应有的行为约束；绩效目标是切实可行的（Realistic），向团队和团队成员提出一个切实可行的，经过努力可以实现的目标，可以激发团队成员更好地实现组织对他们的期望。

（三）360 度绩效考核

360 度绩效考核是由被考核者的上级、同事、下级和客户以及被考核者本人担任考核者，从多个角度对被考核者进行 360 度的全方位考核，再通过反馈程序，达到改变行为、提高绩效的目的。

二、授权与委派

很多从事管理的人都知道，授权是提高人们自主性、发挥创造力的方法。授权是对权威的挑战，是对控制的突破。授权是为了选拔人才、培养人才，创造新的可能性。授权是一种有效的领导方法，是基于一种充分信赖的心态，对自己、对他人信赖。缺乏信赖的人，不会采取授权的领导方式，而是将权柄牢牢抓在自己的手中。

在权威性组织中，权威不可动摇，领导发号施令，员工遵照执行，以此换取认可和奖励，保住职位。一些有思想、有主见的员工则不甘心这种逆来顺受的团队氛围，愤而离开了企业。因此，团队创造力将逐渐萎缩，新的可能性就被框定在一个狭小的范围内，"千里马"永远也不会跑出来。

通过有效授权，授权者将庞大的企业/组织目标轻松地分解到不同的人身上，同时将责任过渡给更多的人共同承担，让团队每一个成员更加有目标、更加负责任、更加投入、更有创造性地工作，产生"四两拨千斤"的巨大力量和"九牛爬坡，个个出力"的协作精神。

通过有效授权，企业/组织减少了控制，摆脱了依从，领导者从权力的烦恼中走出来，被授权者增加了自主性和责任感，提高了工作的能动性，增强了自我管理能力，从而获得了更快的个人成长。有效授权为企业/组织带来了较高的激励水平、高效率的团队和优异的业绩。

（一）要授权必以良好的心态对待人才

以良好的心态对待人才，这要求管理者做到随时准备重用有才能的人，并让所有人知道这一点。很多时候之所以发现不了人才，并不是因为人才太少了，而是有才能的人不知道到哪儿去表现自己的才干，不知道谁才是真正的明主。一旦他们知道有求贤若渴的明主，他们会毛遂自荐。

战国时，燕昭王想招募贤才，就封了一个才能并不十分出众的人做燕国的大官，以此表明自己求贤若渴、唯才是用。这果然使得他贤名远扬，郭槐、乐毅等贤能之士纷纷慕名而来，从而使燕国实力大增，打败了对手齐国。这个历史典故足以让每一个管理者引以为戒，有求贤之心并将它表现出来是发现和吸引人才的良好开始。

（二）授权前要克服"我的周围没有好的人才"的想法

现实生活中，有很多管理者都认为好的人才不在自己身边，自己身边的人都不堪重用。如果你有这样的心理，怎么办呢？一要审视自己的求贤之心是否真诚，二要看自己是否找对了地方，三要确立客观的人才评价标准。

权力与金钱有相同的属性。我们如果把钱藏起来，不让其流通，钱就没有使用价值的，钱的价值也就无法体现，因为钱的价值是在交换过程中产生的。同样的，拥有权力而不让权力周转，权力的力量也得不到发散。有效授权就是将权力进行扩散和周转，让权力成为动力。有效授权不等于放权，并不是说将权力授给其他人后，授权者可以撒手不管或者对局面失去控制与把握，如若那样，则不是有效授权，而是盲目放权。盲目放权可能给企业/组织带来混乱。因此需要在授权的同时，建立严格的监督机制，以监督权力运用情况，从而使授权更加有效。

授权者的掌控不是靠权力，而是靠自身的影响力。通过有效授权，使自身的魅力不断加强，影响力不断扩大。从这个意义上讲，授权是成就别人，也是成就授权者。有效授权不同于委派，委派是以命令和说服为主，只是委派任务和目标，对方的责任不强，也缺乏主动性。有效授权的核心是授予对方责任和主动权，让被授权者有创造的空间，能采用自己的方法去完成目标。目前，国内外航空公司都是以班组团队的形式开展航班运行保障工作。签派员班组成员之间有效的沟通与协作决定着公司航班运行安全及运行品质的高低，如何科学、合理的配置飞行签派员班组人员也是目前国内外各航空公司普遍面临的问题。

航空公司运控绩效水平与航空公司的运行品质密切相关。通过科学合理的搭配班组人员配置，提高班组之间的有效沟通与合作，进而提高运控班组的绩效水平。运用科学合理的方法对签派员班组绩效水平进行可视化评估，进而优化签派员班组人员配置，提高签派班组的绩效水平。

三、团队协作的方法

（一）获得他人的信任和信赖

信任是一扇由内而外打开的大门，它无法由别人从外面打开。我们无法要求别人信任自己，因为自己是一切的根源，一切都是因为自己首先要值得别人信任。

（二）激励他人合作，力求卓越

卓越的领导者铸就伟大的组织，对团队有着显著的影响，通过激励的方式促进领导者与他人交往，对组织文化与绩效产生积极的影响，从而能够发挥员工的优势。

（三）以建设性的方式处理和解决冲突与分歧

团队在一起工作与配合时，无法避免产生冲突与分歧，但这并不意味着所有的分歧与冲突都是坏事。而应该采用建设性的方式，最大化团队成员的共同点与共同目标，激励团队的凝聚力。

（四）承认错误并且承担责任

信守承诺，勇担过错。慎重许诺、坚决履行诺言，是我们负责任的表现。当我们做错事时，要勇于承认错误，并承担相应的责任。

（五）为他人确定并提供相关信息和解决方案

在团队成员遭遇困境或无法独立解决问题时，团队的其他成员应及时给予相关协助，提供相关信息，并借助团队力量，一起研究给予相应的解决方案。

四、团队协作案例分析

北京时间 23:51，某公司 B737-800 飞机执行北京—吉隆坡航班任务，飞机接近出境点 EXOTO（三亚高空管制区与越南情报区交接处）时出现 TCAS 故障。

（一）事件经过

23:51，值班签派员监控 A（深圳—吉隆坡）航班时，突然收到 795 机组通过 ACARS 发来的信息，报机载的 TCAS 故障，随即接到三亚区调电话反映。23:55 机组通过三亚区调催促我们尽快做出决策。23:58 机组又通过区调再次催促决策，刻不容缓，必须决策。

国际放行：

（1）向机组了解飞机位置——机组反馈信息。[飞机已经接近出境点EXOTO（三亚高空管制区与越南情报区交接处）。]

（2）向机务了解故障情况——机务反馈信息。（TCAS空中防撞系统在基地，如系统故障则不能放飞，在外站，如系统有故障经空中交通管制单位报总局空管局运行中心同意后可飞回基地。）

（3）向值班经理汇报。

值班经理：

（1）工作任务分配：放行签派了解相关油量、气象、通告信息；运行控制签派员制定预案（正常、返航、备降）。

（2）联系总调——总调反馈。（① 国内段总调口头允许我们可以继续执行任务，但国外段他没权批准；② 次日在吉隆坡的放行必须得到当地和沿途管制部门的许可，他也不清楚程序。）

国际放行：

了解飞机剩油，与机组沟通。

值班经理：

（1）与吉隆坡代理取得联系——对方反馈。（① 飞机如在吉隆坡有这样的故障不能放行；② 需要飞机制造商给出技术鉴定，是否能执行航班；③ 必须向沿途管制部门申请并得到批准。）

（2）召集会议。（控制、放行、值班经理）

信息汇总：

（1）该航班如继续往前，出境就是 RVSM-RNP10 运行，空域从 FL290至 FL410（含这两高度层）之间实施 300 米的垂直间隔运行，飞机最小横向间隔为 50 海里的运行，TCAS 故障，给机组带来很大飞行压力。

（2）如果保留放行，第二天的放行面临管制部门是否批准，航路 M771同样是 RVSM-RNP10 的运行，给机组带来飞行压力。当时已来不及向机务工程师确认驻吉隆坡的机务是否能保障，这时不断地同相关专业人员及时沟通。

（3）如果维修放行，当晚（时间）在吉隆坡落地，当地机务无法维修完，势必会造成次日国际航班 ZH796 大量旅客的滞留，给公司运行造成巨大的经济损失和国际舆论压力。

（4）通过三亚站调协助机组进行快速检查单的程序处理和复位，同时不断地提醒机组注意油量。

（二）案例结论

把决策下达到机组，00:15又接到电话，报机组反映飞机在最近10分钟之内TCAS已经稳定，恢复正常，决定795航班继续飞往目的地站，签派员马上询问机上剩油，剩油9.0吨，立即计算在吉隆坡落地剩油还有4.0吨，同意其继续执行任务，并及时通过ACARS与签派联系。

签派带班主任立即将这一信息报告公司一号，同时将这一事件总结汇报部门领导。值勤签派员每隔几分钟通过ACARS向机组询问TCAS的情况，一直密切监控，北京时间02:30安全降落在吉隆坡国际机场。

（三）案例分析讨论

（1）合理分工：明确责任人；隔离特情事件，避免某一成员高负荷。

（2）协作精神：当事人主动寻求他人帮助；其他成员主动帮助当事成员。（合作的关键在于，对团队内各成员具体负责的工作进行有机整合，以实现项目目标。）

（3）沟通：向上级报告的技巧（领导喜欢做选择题而不是简答题）；与其他单位的沟通技巧（了解沟通的目的、适当的时候可以诱导对方给出满意的回答）。

（4）良好的工作习惯：特情检查单的使用。

（5）团队激励与监督：班组讲评和绩效考核。

第七章　航空公司 DRM 训练及管理

签派资源管理，就是利用一切可获得的资源——人员、装备、手册、程序、流程和信息来确保飞行安全，通过防止或管理签派人员的差错来改善影响安全的人为因素的方法，使航空公司获得最大的经济效益。《大型飞机公共运输航空承运人运行合格审定规则》（CCAR-121）要求，航空承运人为飞行签派员在初始和定期复训中提供 DRM 训练，训练着眼于利用可用资源解决飞行运行中不同群体间的沟通和相关人际关系的优化问题，包括有效的团队建设、冲突解决、情景意识、信息传递与发布、问题的解决与决策等所做的人与自动化系统间的交互。

第一节　航空公司 DRM 训练概述

从航空公司组织层面来说，DRM 训练不仅能够提高航空公司的安全运营水平，还能够提高其经营效益。在以往的不安全事件调查中发现，不充分的运行控制和不充分的协同决策是多起航空事故的促因，加强签派员对可用资源的有效管理是防止这类事故的基本措施。另外，飞行签派员常常需进行频繁而具有风险的决策，通常涉及几万元到几十万元的经济效益。有效开展 DRM 训练将是帮助签派员提升公司效益的一大法宝。而对于签派员自身来说，接受 DRM 训练不仅能够改变他们对安全造成不良影响的态度和行为，还能够帮助他们对飞行安全有直接影响的信息进行更好的管理。

2009 年，中国民用航空总局下发了《签派资源管理训练》咨询通告，通告中明确了 DRM 训练的相关概念以及训练实施的基础，并对 DRM 训练的构成和应包含的训练项目做出了说明，旨在为开发、实施、强化和评估 DRM 训练项目提供指导。2011 年，中国民用航空总局再次下发《签派资源管理训练大纲的制定与实施》，通告中主要对 DRM 训练的阶段、训练单元与要素以及项目评估做出了指导,旨在向执行 CCAR-121 规定的航空承运人提供设计、实施、评估 DRM 训练的指南。但是,一方面由于各航空公司对 DRM 训练的意义、训练大纲的制定、实施与评估等存在不同的认识;另一方面因为知识缺乏和基础薄弱的问题,大多数航空公司还不具备开发训练内容、方法和实施 DRM 训练的能力,因此 DRM 训练开展实际状况并不理想,从整体上直接影响了签派员的训练质量。

一、某航空公司 DRM 训练大纲示例

(一)质量要求

(1)有效的团队建设;
(2)运行冲突的解决;
(3)情景意识的设立;
(4)信息的传递与发布;
(5)问题的解决与决策;
(6)设备和资源的有效利用。

(二)进入条件

公司新录用的,从未在本公司飞行签派岗位上工作过的,持有有效的中国民航飞行签派员执照或具备考取飞行签派员执照资格的人员。

(三)地面训练课程

1. 课程模块设置

模块一"签派的工作和签派资源管理"　　　0.5 学时
模块二"人为因素和差错管理"　　　0.5 学时
模块三"问题的解决与决策"　　　1.0 学时
模块四"沟通"　　　0.5 学时
模块五"工作负荷管理"　　　0.5 学时
模块六"团队的建设和协作"　　　1.0 学时
总计学时数　　　4 学时

2. 模块一"签派工作与签派资源管理"

(1)签派资源管理的含义、性质及研究范围。

（2）签派资源管理中的人的因数。

（3）签派工作的起源、飞行签派员的成长与发展、飞行签派员在运行控制中心（AOC）的地位和作用、飞行签派员的任务与特点。

（4）签派资源管理的内容、目标及培训方式，学习签派资源管理的意义。

3. 模块二"人为因素与差错管理"

（1）人类信息加工、感知觉过程、记忆特性、思维特性、注意特性和个人状态与工作表现之间的关系。

（2）自动化系统的特性、人机交互的局限。

（3）差错的类型、来源和差错管理理论。

（4）签派工作中的常见威胁与差错分析。

4. 模块三"问题的解决与决策"

（1）分析问题解决的步骤和局限性。

（2）创造性问题解决的障碍和培养创造性问题的解决途径。

（3）问题的评估和问题解决技巧的选择。

（4）决策的含义、过程、障碍与克服障碍的方法。

（5）航空承运人提供的可供操作的常用决策模式。

（6）影响签派员决策的各种因素和解决对策。

5. 模块四"沟通"

（1）沟通的含义、重要性、过程与原则、类型。

（2）沟通障碍的类型和成因。

（3）沟通的方式和技巧。

（4）如何运用支持性沟通建立积极的人际关系。

（5）诊断人际冲突的类型。

（6）冲突管理策略。

（7）如何通过协作方式解决签派日常工作中出现的人际冲突。

6. 模块五"工作负荷管理"

（1）情景意识的含义、与工作表现的关系以及相关影响因数。

（2）建立和保持情景意识的方法。

（3）飞行签派员的自我分析（个性特征、价值观、认知风格、适应能力、情商）。

（4）设定任务的优先级和目标。

（5）签派工具和资源的有效利用策略。

（6）压力的来源、人对压力的反应。

（7）时间管理技巧。

（8）压力管理的策略、消除压力源、提高弹性和暂时减轻压力的技巧。

7. 模块六"团队的建设和协作"

（1）有效团队和团队协作的特征和重要性。

（2）团队建设的阶段。

（3）团队领导的关键因素，包括具备的能力和发挥的作用。

（4）签派班组里的团队建设和团队成员个人能力的提高。

（5）利用团队力量解决运行突发事件。

（6）提高团队绩效的角色与技能。

（7）授权与委派。

（四）训练考核

（1）观察员根据实际训练情况，对被考核人员进行打分，并反馈给 DRM 工作小组；DRM 工作小组负责总结每一次训练中发现的问题，汇编入训练教材。

（2）DRM 工作小组负责将总结后的结果与建议反馈给参加该次训练的被考核人员。

（3）DRM 工作小组负责将该次训练的考核结果，发送给签派档案管理人员录入。

二、公司 DRM 研讨会

中国民航飞行学院开展了航空公司 DRM 研讨会。研讨会上，各公司代表针对沟通、团队建设、工作负荷、问题解决和决策等问题提出了看法并列举了相关案例。

比如关于决策力的测试，某航空公司代表就提出签派员金牌直觉的测试题，见附录六（金牌直觉测验）。金牌直觉测验的得分结果如下：

（1）12 分或 12 分以上：我建议你不管认为他们是对是错，都顺从自己的感觉。

（2）9 分到 11 分：你拥有 18K 金的金牌直觉，相信并证实你的直觉。

（3）6 分到 8 分：你拥有铜牌直觉，你有时候会有不错的感觉，但是不会相信他们。

（4）6 分以下：你拥有铅牌直觉，你透过分析去做每一件事情，而且从来没有冒过风险。

根据测试反馈结果，多数签派员的直觉测试显示的是拥有铜牌直觉。此类签派员有时候会有不错的感觉，但是不够坚信自己。在签派员中此类签派员占绝大多数，因此培养直觉会在很大程度上提高签派员整体的决策力水平。

其次是金牌直觉的签派员，他们已经拥有很强的直觉，并且在工作中占据主动，能相信自己的直觉并进行强有力的决策。

之后是铅牌直觉的签派员。他们透过分析去做每一件事情，而且从来没有冒过风险。但是在实际工作中此类决策的执行力较差，应该重点加强此类签派员决策力的培养。

三、SBT 演练

SBT 演练的流程如图 7-1 所示。演练中学员分成两组，一组角色模拟，一组观摩，从精选的案例开始，到学员自评、学员互评和教员讲评结束。SBT 演练的形式可以分为桌面推演和综合演练。模拟演练的各个席位的工作记录单见附录三，通信记录单见附录四，案例演练任务检查单见附录五。

四、EBT 与 DRM 训练相结合

基于事件的训练（EBT）的核心思想是指充分利用 QAR 数据分析、不安全事件和生产运行所反映的问题，设计训练场景，提高飞行员和签派员胜任能力，有效应对飞行中各种风险。签派员的 DRM 训练也可以结合典型案例和事件，训练签派员的情景意识、沟通能力和决策能力。

五、基于能力的训练

2013 年初，美国联邦航空局开展了基于管制员能力特征的训练与评估体系系统分析，以期改善管制员的训练和评估体系。

基于能力的训练（Competency Based Training，CBT）是国际民航组织正在组织编写的手册，编写完成后将下发各国家航空局执行。CBT 的核心思想是关注受训人员是否能够胜任所要从事的工作，通过工作任务分析明确所需要的知识（Knowledge）能力（Skill）和态度（Attitude），进行模块化训练课

程设计和持续的检查考核，确保胜任能力。而胜任能力特征是指能够将某一组织、工作或者角色中表现优秀者和一般者区分开来的个体潜在的、深层次的特征。

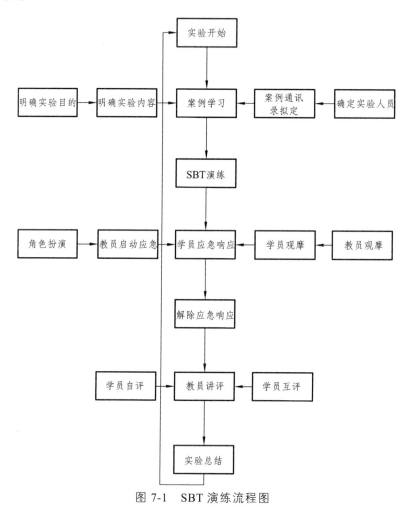

图 7-1　SBT 演练流程图

第二节　DRM 训练效果评估

虽然，目前国内的 DRM 训练实施并不理想，但是要想建立一套完整的 DRM 训练体系，训练效果评估是不可或缺的。只有通过评估，航空公司才能了解训练项目是否达到了预期目标，并通过训练项目的改进来提高学员个人以及组织的整体绩效。以下将简要介绍国内外训练效果评估的研究现状。

训练效果评估模型方面的研究，始于 20 世纪 50 年代。它让我们明确航空公司应该如何进行 DRM 训练效果评估以及从哪些方面进行训练效果评估。关于这方面的研究，国内外有大量的研究成果，以下是几种具有代表性的评估模型。

一、层次评估模型

层次评估模型包括：柯克帕特里克（Kirkpatrick）模型（简称柯氏模型）、Hamblin 五级评估模型、五级投资回报率模型、多层次评估模型。

柯氏模型由美国威斯康星大学 Donald. L. Kirkpatrick 教授于 1959 年提出，是目前国内外企业进行培训效果评估应用得最为广泛且最具有影响力的模型。它主要从反应层、学习层、行为层、结果层 4 个方面来评估培训效果。反应层，即评估学员对培训内容的主观感受，该层次需要评估的内容包括课程负责人、培训材料、培训内容、培训方法、培训设施等。学习层，即评估学员对培训内容的掌握程度，主要包括知识和技能的评估，以此判断培训的方式方法是否合理，是否达到了预期目标。行为层，即考察学员参加培训后其工作行为的转变程度。结果层，即评估学员行为的变化对组织的绩效情况是否产生了积极的影响，评估内容如成本的节省、生产率、事故率等等。

1974 年 Hamblin 提出了五级评估模型，他认为培训效果评估应该在 Kirkpatrick 模型的基础上增加两点，即对行为产生的结果进行成本效益分析，以及对企业战略目标影响的评估。他将培训评估划分为 5 个层级，即反应、学习效果、工作行为、执行、组织目标。

1991 年 Phillips 提出了五级投资回报率模型。Philips 认为柯氏四层次模型虽然在结果层的评估标准中可能具有可以衡量业务影响的因素，如成本、时间、产量、客户满意度等指标，但是对培训项目本身却有可能造成过大的成本投入。因此，他认为柯氏模型并不完整，需要增加一级评估，即将投资回报率（ROI）作为第五层。

1994 年，Kaufman 也提出一个五层次评估模型。该模型将柯氏评估模型的第一层次进行了扩展，这一层次包括"培训可能性"和"反应"，之后又增加了社会效益作为第五层次，这一层次超越了组织的范围，更多地评估改进绩效的培训项目给社会带来的价值，以及周边环境的影响。

Ronald R. Sims 的多层次评估模型，提出从以下 3 个方面进行培训效果评估：① 微观培训评估，如对培训内容、时间、活动规划等的评估；② 培训方面评估，主要评估培训的质量、过程、学员个人能力以及工作满意度的提高等；③ 培训项目评估。该模型用于对培训的全部或一般结果进行评估。这个层次的评估是一个长期的过程，往往可能需要几年的时间才能完成一次完整的评估。

二、流程评估模型

流程评估模型包括：CIPP 模型、CIRO 模型，这两种模型的主要特点都是根据组织过程的规律而提出的。

20 世纪 60 年代末、70 年代初（Daniel Stufflebeam）提出了 CIPP 评估模型。CIPP 由情境（Contextual）、投入（Input）、过程（Process）和成果（Product）4 部分组成。在此基础上，沃尔（P. Warr）、伯德（M. Bird）和雷克汉姆（N. Rackham）又对 CIPP 进行了丰富，提出了 CIRO 模型。CIRO 模型包括情景、输入、反应以及输出 4 个流程的评估。

三、经济学评估模型

经济学评估模型包括：培训收益的效用公式、Lawshe 的满意效用比、Macey 的技术匹配模型、会计计量模型。

1975 年，Garry. S. Becker 通过分析在职培训与员工收入分配之间的关系提出了评估企业培训收益的模型，开创了培训效果计量研究的先河。随后，Sheppeck 和 Cohen 于 1985 年提出了培训收益的效用公式。

Lawshe 的满意效用比评估方法是先由一定数量的培训负责人以及完成培训的学员，根据 KSAO（知识、技术、能力和其他人员特征）运用头脑风暴法建立指标体系，在此基础上运用专家打分法对所构建的指标体系进行打分，经过统计处理后，再采用 CVR 方法进行计算。

Macey 的技术匹配模型也是运用专家打分法对指标体系进行打分，评估在多大程度上需要进行此种培训，并以此确定进行培训时需注意的方面。依据人力资本定价理论，复旦大学管理学院张文贤教授等在 2001 年对 BG 股份公司的培训进行了投入产出的评估，提出了评估企业整体培训投入产出的会计计量模型。他认为如果要衡量培训所产生的价值，应首先计算人力资本的增加值，在此基础上再将由非培训因素产生的人力资本增加值剔除。

第八章   签派员 DRM 技能评估

民航运输量持续增长，航班运行环境日益复杂，这对签派员提出了更高的能力要求，签派员 DRM 技能将直接影响航空公司的航班运行安全与经济效益，目前我国还未形成系统完善的签派员 DRM 技能评估体系。本章以国内外航空运行发展现状为基础，建立健全评估指标体系，选取客观全面的数据源，研究比较多种 DRM 技能评估方法，基于 PDCA 循环模式持续增强签派员 DRM 技能，再从软件工程的思想出发，实现航空公司对签派员 DRM 技能数字化管理。

第一节   签派员 DRM 技能需求分析

一、中国民航法规对签派员 DRM 技能要求

按《大型飞机公共航空运输承运人运行合格审定规则》（CCAR-121-R5）规定，航空承运人须为签派员在初始、转机型地面训练和定期复训中提供 DRM 训练，以及签派员在工作中需掌握的技能与遵守的规定，具体说明如表 8-1 所示。

表 8-1   CCAR-121-R5 中对签派员 DRM 训练的要求

条款	内容
121.415	对新的设备、设施、程序和技术，包括对飞机的改装，具有合格的知识和技术水平
121.431	飞行签派员的初始和转机型地面训练应当至少讲授内容包括"签派员资源管理训练"
121.439	飞行签派员在所涉及的飞机和工作位置方面知识状况的问答或者考查

条款	内容
121.501	在国内、国际定期载客运行中担任飞行签派员的人员，应当持有飞行签派员执照，并且按照本规则 N 章批准的训练大纲，圆满完成相应飞机组类中的一个型别飞机的训练
121.513	申请人证明其熟练掌握必需的知识和技能（例如驾驶术或其他），以及机组资源管理或签派资源管理的理论知识和技能。这一证明过程应在能够将上述两种类型知识和技能放在一起测试的情景（即航线运行评估）中进行

《民用航空飞行签派员执照管理规则》（CCAR-65FS-R2）65.17 条（b）款规定："飞行签派员执照申请人应当通过针对航空运输中使用的任何一种大型飞机的实践考试。内容应当基于本规则附件 A 和《飞行签派员实践考试标准》中的规定要求。"这里的附件 A 中规定了从事飞行签派专业所需要的基本知识，其中包括签派资源管理课程，要求航空公司在签派员训练课程中设置沟通决策、差错管理、团队协作、工作负荷等 DRM 训练课程，签派员需要具备以下知识技能，如表 8-2 所示。

表 8-2　CCAR-65FS-R2 中对签派员 DRM 技能的要求

决策	人为差错	协作
（a）环境评估。 （b）备份方案的制订和评估： （i）权衡和优先； （ii）应急计划。 （c）支援工具和技术	（a）原因： （i）个人和组织的因素； （ii）技术导致的错误。 （b）预防。 （c）发现和纠正	（a）信息和情报交流。 （b）共同和分散解决问题。 （c）资源管理： （iv）运行控制人员行为和工作负荷

中国民航局 2016 年 10 月 10 日下发的资质管理咨询通告《航空承运人飞行签派员资质管理标准》（AC-121-FS-2016-043-R1）中"6.3　能力要求"规定，除熟练掌握履行职责所必需的 CCAR-65 部、CCAR-121 部所规定的知识外，还须满足要求：熟练掌握签派资源管理（DRM）技能，善于沟通协作，能够充分利用运行资源，并通过工作负荷管理，同时处理多任务并及时有效决策。该通告"6.4　训练要求"规定，签派监察员还应接受飞行签派检查员业务培训和复训，训练内容包括但不限于检查员职责、中国民航规章、签派

资源管理、承运人政策和程序以及实施岗位检查的方法、程序、技术等。该通告附件"飞行签派员资质评估操作指南"规定，飞行签派员资质指标体系包含签派资源管理（DRM）能力，权重为 0.199，包含决策能力、沟通能力、组织协调能力、情景意识能力、管理工作负荷的能力、团队协作能力。

由于多重因素的影响，各航空公司对签派资源管理训练的意义、训练大纲的制定与实施办法等存在不同认识，直接影响了签派员的训练质量。中国民航局于 2009 年、2011 年颁发了两部咨询通告《签派资源管理训练》（AC-121-FS-2009-32）、《签派资源管理训练大纲的制定与实施》（AC-121-FS-2011-44），提出按照 CCAR-121 部规定，实施国内和国际定期载客运行的航空承运人应为所有签派员提供 DRM 训练。两部咨询通告均为航空公司组织DRM 训练提供了设计、实施、评估指南。

二、航空公司对签派员 DRM 技能要求

以航空公司航班运行为基础，对签派员工作流程进行梳理，得出具体签派工作流程，如图 8-1 所示。

签派员的工作能力与签派资源管理能力既有区别又有密切联系。签派资源管理能力作为签派员总体能力的组成部分，强调签派员对资源（包括硬件、软件、环境以及人力资源）的有效利用。签派员要具备管理上述资源的能力，必由之路便是"系统地形成签派职业所需的态度、知识以及技能行为模式"。

各航空公司根据中国民航局下发的规章及咨询公告，为签派员提供 DRM训练。训练第一阶段通过自评、测评评估签派员现有技能和知识水平，通过对签派员、管理层的调查，对其工作的观察，以及对案例报告的分析，得出结论，记录在《飞行签派员资源管理训练记录报告表》中。航空公司在签派员资格认定的签派资源管理部分主要以签派检查员观察测试为主，评分良（含）以上为检查合格。训练内容依据民航法规要求，签派资源管理课程包含在签派员新雇员训练、初始机型训练、定期复训中，课时设置不少于 4 小时，具体课程内容可由航空公司根据咨询通告设置。目前，航空公司的签派资源管理训练课程教学方法主要为理论教学，辅以少量实践教学，实践技能练习方式主要为案例教学、情景模拟、角色扮演三种。

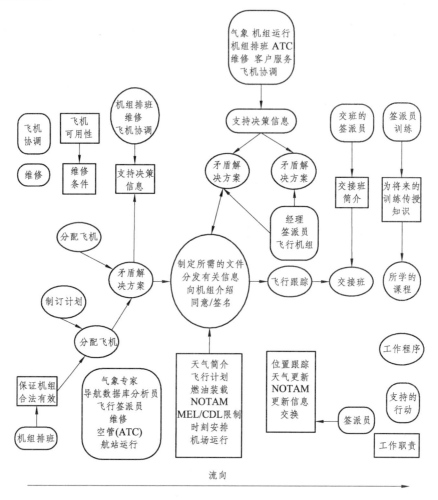

图 8-1　签派员工作任务

第二节　DRM 技能评估指标体系

　　本章围绕签派员 DRM 技能的评估问题展开研究，在研究过程中首先对签派工作任务及 DRM 技能需求进行说明，考虑到航空公司目前常用的基于人因模型的定性评估不符合公司数字化发展要求，本节基于民航法规及手册要求，结合 ICAO 最新 CBT 手册编写项目，建立 DRM 技能评估指标库。为保证评估指标体系的科学合理，对调查问卷进行信度、效度分析，筛选建立指标体系，为后期的量化评估奠定基础。

一、国外民航组织对签派员技能要求

2016 年，国际民航组织（International Civil Aviation Organization，ICAO）发布了最新的管制员训练手册（*Air Traffic Controller Competency- Based Training Doc* 10056）将基于能力训练的方法开创性地应用到管制员训练中，提供了相关实施办法以及指导意见。ICAO 已发布的关于签派员训练的手册为 Doc 7192，并于 2017 年 3 月正式启动手册更新项目——*FOO/FD Competency Based Training Manual* 编写项目。

ICAO 核心小组认为，开展基于能力训练的原因在于能力标准的提供有助于理解资格的原因和目标。能力可以通过在任务执行过程中应用知识、技能和态度来证明。如果缺少一个知识、技能和态度标准，能力的论证将是不完整的，没有应用技能的知识（反之亦然）是无用的，没有态度的知识和技能的应用对日常的航班运行可能产生威胁。基于能力的培训侧重于资格和所需能力，其原因在于只有承运人才能真正定义所需的最基本的能力标准。

结合之前 Doc 9868 的框架，融入新思路，更符合实际运行。目前所构建起的能力框架以及观察目标（OB）以能力为分类标准，具体可分为程序和规章的使用、技术专长、过程改进、沟通交流、情景意识、工作负荷管理等，观察项目若干项。以 ICAO 最新修改的基于能力训练手册以签派员能力的定义为基础，根据签派主要工作阶段与流程，构建了签派员能力需求清单，如表 8-3 所示。

表 8-3　ICAO 签派员能力框架

能力	定义	可观测的行为
程序以及规章的应用能力	运用知识，根据公布的操作说明和适用的法规，识别和应用程序	适度地解释"标准操作程序"并在特定状况下灵活使用； 及时识别并遵循所有操作程序； 遵守适用的规章和程序
技术专长	技术知识和技能的应用与提高	检索适用的数据和操作程序； 正确解释可应用程序的意图； 在运行控制中运用准确信息，考虑影响因素并做出最佳决策； 会操作标准和非标准的信息分发系统了解其来源； 保持最新的专业技术知识和技能

能力	定义	可观测的行为
过程改进	有助于系统的持续改善	始终如一地向利害关系方和同事提供有关如何执行程序的适当指导； 分析案例以找出进行过程改进的机会； 提出过程改进，以供管理层批准/采纳； 为提出的改进内容提供适当的理由； 认清自己的技术领域发展趋势并追求改变
沟通	在正常和非正常的情况下运用适当的手段进行沟通	确保收听者已准备就绪并能够接收信息； 适当地选择什么、何时、如何以及与"谁"进行沟通； 清晰、准确、简洁地传达信息； 提供关键问题并做出清晰简明的回答，确认收听者正确理解重要信息； 在接收信息时积极倾听并表示已经理解对方信息
沟通	在正常和非正常的情况下运用适当的手段进行沟通	提问过程针对性强并且具有效率； 遵守标准的无线电话用语和程序； 正确解释必要的公司手册、航班文件； 成熟的英语交流能力
情景意识	感知并理解所有可用的相关信息，并预见可能影响运行的事件	确定和评估复杂的运行情况所产生的风险和后果； 评估可用资源（基础结构、IT 系统、人员），并且对更改做出响应，调整运行； 核对和评估运行的状态（航空器的技术状态、天气情况、NOTAMS 等）； 监视当前运行状况以预见和解决新出现的问题； 先于可识别的威胁或风险，充分开发应急计划； 对运行安全的威胁进行识别和管理
工作负荷管理	在所有情况下，有效地管理可用资源，以及时地安排和执行任务	有效地安排计划、决定优先次序和安排任务； 在执行任务时有效地管理时间； 在任何情况下保持自控； 必要的时候提供并接受协助； 预见和识别工作负荷过载并尽早请求帮助； 审阅、监视和执行交叉检查； 验证基本任务是否达成预期结果； 管理自我以及从中断、分心和失败中恢复正常； 保持精神和体能要求，以安全地履行职责

续表

能力	定义	可观测的行为
解决问题以及决策能力	准确识别风险并解决问题，使用适当的决策技术	区分运行情况分析所需的无关和相关数据系数； 在遇到冲突、意外或不完整信息时做出适当的决策，使决策适应于可用时间； 考虑到安全、成本和运行稳定的评估选项，通过选项工作并定义限制截止日期； 使用适当的决策过程和工具； 评估自己的决策以提高绩效
团队合作	在整个组织中合作，提出一个明确的共同目标。激励他人实现目标和积极的结果	适当地定位自己的角色，处理好工作关系； 获得他人的信任和信赖； 激励他人合作，力求卓越； 以建设性的方式处理和解决冲突和分歧； 承认错误并且承担责任； 为他人确定并提供相关信息和解决方案； 提供并寻求有效的和建设性的反馈

二、美国 Jeppesen 公司对签派员 DRM 技能要求

波音民用飞机集团旗下民用航空服务的子公司 Jeppesen 公司推出的"FOM 暨 FAA 签派员执照获得"课程，对签派基础知识进行了系统性整合，是国内外签派员获得 FAA 签派员执照的重要有效途径。Jeppesen 公司签派员执照理论课程学习时间安排为 7 周，主模块如表 8-4 所示。

表 8-4　Jeppesen 公司签派执照课程体系

章节	内容	课时	教学方法
Chapter 1	气象与附件	5 天	理论+实践+复习
Chapter 2	空中交通管理	1.5 天	理论
Chapter 3	安全与紧急程序	0.5 天	理论+实践
Chapter 4	通信	1 天	理论
Chapter 5	飞行原理与飞机系统	3 天	理论+实践
Chapter 6	飞机性能	1.5 天	理论+实践
Chapter 7	导航与航空情报	4.5 天	理论+实践+复习

章节	内容	课时	教学方法
Chapter 8	航空法规	2 天	理论
Chapter 9	签派实践应用	8 天	实践
Chapter 10	人的因素/DRM	0.8 天	理论

　　理论学习时，教员在教学过程中以实际案例或经历为辅助，增强学员对签派员工作与实际运行特点的理解。实践教学时，教员细致分析每一份飞行计划中的非正常情况，帮助学员将前期理论知识应用到实际中。

　　目前，国外的一些大型民航类训练机构，如 Emirates 学院、Asistim 学院、Flight Safety 公司等，已将 DRM 作为一项单独的训练项目展开，主要训练内容普遍包括冲突解决、工作负荷管理、情景意识、协作、决策等，并且在训练前都对传统人为因素进行了一定的基础教学。Jeppesen 公司在上述训练内容的基础上将各模块细分后增加了沟通、差错管理等内容，并配备了相关案例与练习题，使 DRM 培训内容更加全面具体，具体教学内容如图 8-5 所示。

表 8-5　Jeppesen 公司 DRM 课程体系

序号	模块	内容
1	决策	目标、定义、模式方法、案例
2	情景意识	定义、监控+回顾+预测、案例
3	资源管理	签派员可用资源汇总、案例
4	人为差错	签派员差错分类及定义
5	压力与疲劳管理	定义、来源、工具、影响及识别、案例
6	科技催生的差错	科技目标及定义、隐患、故障
7	指挥与领导力	互相信任、领导力要素、团队协作、能力
8	冲突避免	目标及定义、必要冲突的优势、不必要冲突的缺点、解决步骤、人与人交往要素、案例
9	沟通	要素、工具、询问要点、有效陈述定义、有效倾听定义、任务报告要素、分析信息、案例
10	工作负荷管理	目标及定义、生理局限、方法、案例

三、DRM 技能评估指标体系的建立

提取国际民航组织与国外航空公司对签派员 DRM 技能的要求、民航规章手册中对签派员 DRM 技能的规定要求，结合 Jeppesen 公司 DRM 教学内容，调整评估指标。以 ICAO "FD/FOO CBT 手册"编写项目中最新签派员能力框架（Competency Framework）为基础，提取其中签派员应具有的 DRM 技能评估指标进行整理归纳。结合国内民航运行情况与 CBT 手册中可观测行为内容（O.B Items），改进完善签派员 DRM 技能评估指标体系，初步拟订签派员 DRM 技能评估指标，如表 8-6 所示。

表 8-6　签派员 DRM 技能评估指标初始版

单元	评估指标
签派工作与DRM	DRM 的含义、性质及研究范围
	人的因素与签派资源管理的含义
	工作任务内容及特点、签派职业成长与发展、在 AOC 的地位和作用
	DRM 具体内容、DRM 训练目标、方式、意义
情景意识	在可识别的威胁或风险的前提下，制订充分的应急计划
	识别和评估复杂运行环境带来的风险和后果，并管理运行安全的威胁因素
	识别和评估运行状态（航空器的技术状态、天气情况、NOTAM、工业行动等）
	监视当前运行以及时预测和解决新出现的问题
	评估可用的资源（基础设施、IT 系统、人员），并根据变化对运行进行调整
差错管理	人类信息交流的生理、心理过程、记忆思维特性、注意力特性、心理状态对工作状态的影响
	常见的人为因素及其对签派的影响
	熟悉签派工作中的常见差错及其类型、来源
	能正确分析差错来源，找出进行改进的机会
	快速准确地从各种渠道获得信息，并对所获得的信息进行正确的分析处理
	熟悉自动化系统的功能特性及局限，并能够正确熟练使用

单元	评估指标
沟通决策	区分运行情况所需的无关和相关数据，提取应用正确信息数据
	采用正确步骤分析问题并快速解决
	在遇到冲突、意外或不完整的信息时做出适当的决策
	全面考虑到安全、成本和运行稳定的评估选项
	使用适当的决策过程和工具
沟通决策	评估自己的决策以提高绩效
	问题评估与问题解决技巧
	决策的果断性及准确性
	信息收集全面性
	建立积极的人际关系
	诊断人际冲突的类型
	如何通过协作方式解决人际冲突
	确保收听者已准备就绪并能够接收信息
	适当地选择什么、何时、如何以及与谁进行沟通
	清晰、准确、简洁地传达信息
	提供关键问题，做出清晰简明的回答，确认收听者正确理解重要信息
	在接收信息时积极倾听并表示已经理解对方信息
	询问相关的有效问题
	遵守标准无线电话用语和程序
	成熟的语言交流能力
工作负荷管理	自我分析（性格、适应能力、情商）
	在执行任务时有效地管理时间
	在所有情况下保持自控
	预见和识别负荷过载并尽早请求帮助
	设定任务优先级和目标

单元	评估指标
工作负荷管理	审阅、监视和执行交叉检查
	核实基本工作是否已完成并达到预期成果
	熟悉可利用工具和资源
	管理自我以及从不正常状态中及时恢复
	压力的来源、人对压力的反应
团队建设协作	获得他人的信任和信赖
	激励他人合作，力求卓越
	以建设性的方式处理和解决冲突和分歧
	承认错误并且承担责任
	为他人确定并提供相关信息和解决方案
	提供并寻求有效和建设性的反馈
	高效科学地建设团队
	团队绩效管理（评估与应用）
	授权与委派

设计调查问卷，对签派员 DRM 技能评估指标进行重要度分析，其中："不重要"取 1；"重要"取 3；"非常重要"取 5；"介于不重要与重要之间"取 2；"介于重要与非常重要之间"取 4。以来自国内航空公司，已取得签派执照，工作年限在 3～10 年的签派员为调查对象。经统计，共发放问卷 250 份，回收问卷 233 份，有效回收率为 93.2%。具体调查文件见附录一（航空公司签派员 DRM 技能评估指标调查问卷）。

目前研究最常用的调查问卷信度分析是柯隆巴哈（Cronbach，1951）提出的 Cronbach α 系数（简称 α 系数），即总分的变异数与各项的变异数作为评量信度的指标，若达到 0.80 以上，则为合格问卷。一般情况下，若删除某一项，重测 α 系数会降低，反之则该项未通过信度检验。

1. Cronbach α 系数

Cronbach α 系数是一个统计量，是指量表所有可能的项目划分方法所得到的折半信度系数的平均值，是最常用的信度测量方法。其公式为

$$\alpha = \frac{n}{n-1}\left(1 - \frac{\sum S_i^2}{S_H^2}\right) \tag{8-1}$$

式中：S_i^2 为第 i 个指标项 x_i 的变异数；S_H^2 表示所有项总和 $H = x_1 + x_2 + \cdots + x_n$ 的变异数，n 是项数。

2. 标准化 Cronbach α 系数

假设调查问卷中有 n 项，各项的平均相关系数为 r，则本次调查问卷标准化 α 系数为

$$\alpha = \frac{nr}{1 + (n-1)r} \tag{8-2}$$

3. 利用 SPSS 进行信度分析

使用 SPSS 软件中 Data Reduction 之下的 Factor 模块计算 α 系数。

本次评估指标的试测问卷共获 233 个样本，α 系数为 0.907，满足大于 0.8 的要求。根据计算可知，在删除"一级指标"下的"签派工作与签派资源管理"之后，α 系数由 0.508 上升到 0.871，有较大的提升，说明"签派工作与签派资源管理"未通过信度检验，在后续分析中该单元应予以剔除。在删除指标"人类信息交流的生理、心理过程、记忆思维特性、注意力特性、心理状态对工作状态的影响""压力的来源、人对压力的反应"后，各分量表信度增加，表明其与整体相关度较低，应当将其删除。分别删除其他指标之后，α 系数均有所降低，可知获得的样本数据具有较好的一致性、稳定性，样本数据可通过信度检验。

效度一般分为内容效度、准则效度和结构效度，因本次调查问卷是创新性的，所以不做准则效度分析。经计算，该问卷内容效度高。结构效度，即探索性因子分析、验证性因子分析。首先进行 KMO 检验和巴特莱特（Bartlett）球形检验，判断采集的样本是否适合进行探索性因子分析（EFA）。通过 SPSS 软件计算 KMO 和 Bartlett，检验结果表示适合进行因子分析。KMO 检验后，采用主成分分析法进行探索性因子分析，共提取公因子 5 个，分别定义为：情景意识、工作负荷、沟通决策、差错管理、团队协作。

第三节　DRM 技能评估方法

DRM 旨在充分利用可获得各类资源保障航班运行安全,再尽力避免人为

差错，尽可能提高公司经济效益，强调的主题是优化人、机界面以及相关人员之间的关系。Jeppesen 公司培训课程便是将 DRM 与人为因素内容放在同一模块，先对人为因素进行教学，确定学员理解了其重要性及研究目的，再进行 DRM 教学。由此可知，人为因素是 DRM 的研究基础，因此该研究可从基础入手研究 DRM 技能的评估。

一、基于人为因素的 DRM 技能评估方法

目前，人为因素分析的三种最常用模型是 SHELL 模型、HFACS 模型、RESON 模型。

早期提出的 SHEL 模型采用安全工作中"人"所处的特定系统界面的原理，组成这个界面的元素包括：软件（Software）、硬件（Hardware）、环境（Environment）和人（Liveware），分别以首字母 S、H、E、L 来表示，这四个元素组成的模型即 SHEL 模型。由于界面间的元素不匹配而出现的差错，可以对人的误差进行分析。差错容易发生于处在中心位置的人与硬件、软件、环境及其他人之间的接点上。模型形象地描绘了现代生产的脆弱环节，对于安全工作有直接的指导作用；所描述的界面不仅仅存在于一线，生产组织的各个层次都有类似界面。

Reason 模型的内在逻辑是：事故的发生不仅有一个事件本身的反应链，还同时存在一个被穿透的组织缺陷集，事故促发因素和组织各层次的缺陷（或安全风险）是长期存在的并不断自行演化的，但这些事故促因和组织缺陷并不一定造成不安全事件，当多个层次的组织缺陷在一个事故促发因子上同时或次第出现缺陷时，不安全事件就失去多层次的阻断屏障而发生了。国际民航组织推荐的 Reason 模型成为航空事故调查与分析的理论模型之一。

HFACS （Human Factors Analysis Classification System）是 FAA 以 Reason 模型为基础提出的，是一种综合的人的差错分析体系。它解决了人的失误理论和实践应用长期分离的状态，是航空飞行事故调查中被普遍接受的人因分类工具，填补了人的失误领域一直没有操作性强的理论框架的空白。HFACS 模型定义了不安全行为、不安全行为的前提条件、不安全的监督和组织影响四个层次的失效。

下面以案例对三类评估模型优缺点进行分析（表 8-7）：

表 8-7　人为因素模型优缺点分析

分析模型	优点	缺点
HFACS	1. 探讨现行错误和潜在错误及其之间的关系； 2. 层次清晰、分析内容具体、分类细致	1. 分析的过程主要靠分析人员的主观联想能力、经验和时间追溯法，对于不同的人也会产生不同的分析结果； 2. 事故细节上的原因分析重复交叉、定义十分模糊，不利于统计分析
Reason	1. 系统观的视野； 2. 上述案例中不仅可以发现签派员与机组的不安全行为层次，还可以发现潜在的组织管理漏洞	1. 只是一个理论模型，没有解决在航空领域的应用问题，没有明确说明模型中"洞"的确切含义； 2. 是初步描述，不是分析，很难作为具体的评估分析工具
SHEL	以签派员为核心因素，全面考虑了与系统软件、硬件、环境以及人与人之间的相互关系	1. 人类生理、心理等易变不可靠； 2. 签派员在放行前不太考虑到航班备降引起的机组超时问题，DRM 技能中情景意识模块不足

航班（大连—合肥—广州）机组为双人制机组，计划起飞时间为 07:05。当天受天气影响，长江中下游地区机场普遍预报有阵雨或雷雨天气。签派员接班时被告知，合肥实况雷雨，机组已决定备降南昌，预计落地时间为 10:06。参考气象席关于合肥后续天气的判断，结合合肥场站雷达图分析，签派员认为 1 小时后又将有一片雷雨云系移向本场，影响时间约 1 小时。考虑到该航班已经备降一次，备降航段飞行时间较长，如果加完油马上返合肥风险太大，因此签派员与机组电话沟通后，决定暂不下客，等 11:00 实况报出来后再做决策。11:00 后，从合肥雷达上可以明显看到西边有剧烈的对流云系生消，和气象席沟通后认为后续雷雨的可能性还是很大，于是建议机组继续等待，此时机长反映旅客情绪有点波动且要求下飞机。签派员了解到飞机停在远机位，不建议下客。但机长考虑后没有采纳，11:15 左右签派员与场站核实了保障时间后同意下客。12:20 左右签派员了解到合肥机场正常起降，且降水强度减弱，后续雷雨可能很小，于是通知机组和场站保障，13:08 航班从南昌起飞。

经上述分析可以看出，基于人为因素的 DRM 技能评估模型仍停留在定性评估阶段，并且普遍存在主观性过强、分析不全面等问题，因此需改进为量化评估模型。

二、常用的技能评估方法分析

技能评估是比较复杂的系统，容易受多种因素影响，需依据多个指标进行评估。目前已有的各类评估方法较多，但实施原理、适用范围等均有不同，需具体问题具体分析。针对签派员 DRM 技能评估问题对各能力评估方法进行优缺点分析，如表 8-8 所示。

表 8-8 常用能力评估方法对比分析

方法	优点	缺点
因子分析法/主成分分析法	可以从众多评估指标中筛选出少数几个指标评估签派员 DRM 技能	1. 评估结果不全面、不完整； 2. 评价过程中指标权重无法确定
层次分析法	1. 可将指标分类后确定各自权重； 2. 通过纵向、横向比较，便于评估对象的改进完善	1. 判断矩阵仍为主观确定，评估主体不同时结果也容易产生差别； 2. 一系列加权、数据处理后，评估值被弱化
模糊评价法	在上述案例背景描述较简单时，可将获得的有缺陷的信息转为模糊概念，将定性问题转化为定量分析	1. 评估数据收集分析停留在表面，各种不易发现的因素未计算在内； 2. 指标数较多时不具有适用性； 3. 评价的主观性明显
综合指数法	1. 根据案例评估过程中操作系统化，分析具有全面性； 2. 通过充分的数据分析，可发现短板，为改进提供依据	1. 制定标准较难； 2. 对标准依赖性强； 3. 指标取值无标准化处理
TOPSIS 法	1. 对样本资料无特殊要求； 2. 数据处理后没有减弱原始数据的评估价，与实际情况相符； 3. 可对一组待评签派员进行排序	两组评估值与最优解和最劣解距离相异、绝对值相同时，结果易出现误差（可通过数据处理改进）

三、多元化 DRM 技能评估方法

为使评估更加全面客观，可选取三类评估主体：签派员自身、同级和领导/教员。运用 G1 法、熵值法灵活结合对各评估主体进行赋权。数据来源选取基于组织学习的动态自评、基于合作关系的同级互评、基于 ORCE 模型的领导评估，以此保证评估模型的评估数据源的科学合理。对信息熵法及其改进后的差异系数 Critic 法、变异系数法及其改进后的变异系数 Critic 法实例比较择优，建立科学合理的签派员 DRM 技能评估体系。

（一）评估主体多元化

目前，签派员 DRM 技能的评估仅限于教员对学习者的评估，具有主观性极强等缺点。在 DRM 训练中教员与学习者处于离散状态，仅以教员的认知与考试成绩作为评价依据，具有很强的主观性与片面性，不能完整评估签派员 DRM 技能与学习过程。考虑到传统签派员 DRM 技能评估均为定性评估，且具有极强的主观性，应选取签派员自身、同事、领导三类评估主体，全方位、多角度地进行评估，如图 8-2 所示。

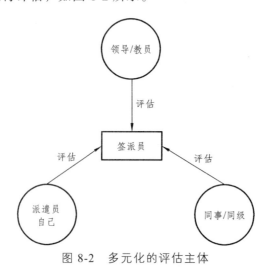

图 8-2　多元化的评估主体

（二）评估数据收集与处理

目前，自评模式在航空公司人员能力评估中还没有得到大范围应用，但自评的合理运用是确保评估结合准确性的重要部分。签派员作为运控班组的组成部分，其 DRM 技能的提升可促进签派员为部门在运行效率、绩效等方面做出突出贡献。在自评过程中，还可以采用 PDCA 循环理论，分析每次的评估结果，制定改进策划及实施流程，实现签派员 DRM 技能的改进增强。自我评估过程如图 8-3 所示。

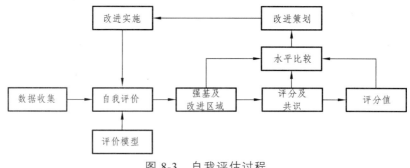

图 8-3　自我评估过程

国外学者在技能评估研究领域一直强调评估结果的全面性、准确性和过程性评估，国内学者也开始在评估模型基础上研究评估主体选择，一般包括上层、同事、利益相关者等，以多视角方式增强评估的公正客观性。研究发现，团队合作者的评估对评估对象能力的提升具有显著性作用。签派员日常工作中需要与多部门协作解决问题，可对小组成员与评估对象的合作关系度进行区分，计算相应权重，得出较合理的同级评估分数。假设某次案例模拟演练小组共 8 人，记为 DIS_i 其中 $i=1,2,\cdots,8$；DIS_i 与评估对象 $DIS_j(i\neq j)$ 之间的合作关系度记为 h_{ij}，其中 $1\leqslant h_{ij}\leqslant 9$；$DIS_i$ 对评估对象 DIS_j 的评分记为 X_{ij}。在同级评分中，签派员 DIS_i 对评估对象 DIS_j 的评分权重记为 w_{ij}，其计算公式为

$$w_{ij}=\frac{h_{ij}}{\sum_{i=1}^{8}h_{ij}}\ ,\quad i\neq j \tag{8-3}$$

评估对象 DIS_j 的同级评估最终得分为

$$X_j=\sum_{i=1}^{8}X_{ij}h_{ij}\ ,\quad i\neq j \tag{8-4}$$

表现性评估（Performance Assessment）是一种不同于传统纸笔测试的评估方式，于 20 世纪 90 年代在美国兴起。它是教员根据学员行为来评估学习状况，是对学员掌握的技能进行直接评估的方法。评估过程中，基于真实案例进行情景模拟，因采用人工评估方式，要求教员在教学和评估中担任新的角色。评估过程中，评估主体必须以不带偏见的方式评估待评签派员的行为，过程按照"ORCE 模型"的四个关键步骤：观察（Observe）、记录（Record）、整理（Classify）和评估（Evaluate）来完成，该流程通常以逐步递进精简的形式展示，评估结果是基于大量的客观观察、记录数据累积而得出的。评估模型流程如图 8-4 所示。

G1 法是一种可直接表达评估主体主观信息的指标偏好型方法，相比 AHP 法，具有计算过程简便、计算量少等优点，并且不需进行一致性检验。根据各指标所提供的信息大小来确定权重，可采用熵值法作为确定评估主体客观权重的方法。目前，航空公司对于签派员 DRM 技能评估的传统做法是在 DRM 训练后，由签派员教员填写 DRM 训练记录表，评估内容全部属于定性分析，存在较强的个人主观色彩。为弥补上级对下属进行评估可能出现的滥用权力、主观性强的不足，降低个人主观因素的影响，同时进行全方位、多角度的 DRM

技能评估，使待评签派员可以客观地了解自己的长处和不足，选取自身、同事、领导/教员三类评估主体对签派员 DRM 技能进行评估。在确定各子技能中评估主体权重时，可采取 G1 法与熵值法主客观结合方式。

图 8-4　ORCE 模型

（三）评估方法分析比较

经表 8-8 分析可知，TOPSIS 法比较适用于签派员 DRM 技能评估，因此运用改进 TOPSIS 法对签派员 DRM 技能进行量化评估。基于传统 TOPSIS 法对第二节建立的指标体系合理赋权，比较四种客观赋权方法：信息熵法、变异系数法和改进的差异系数法、CRITIC 法，经贴近度及其标准差、取值范围、中位数、分数变化度等衡量指标的对比分析，选取最优赋权方法与传统 TOPSIS 法结合建立签派员 DRM 技能评估模型，评估数据源为各评估主体评分的加权和。

1. 传统 TOPSIS 法

TOPSIS 法（ Technique for Order Preference by Similarity to Ideal Solution，双基点法）最初属于多目标排序方法。通过筛选出所有方案中各指标的最大值、最小值，组成"最优解"与"最劣解"，然后计算各方案与两种解的距离，与"最劣解"距离越远越好，即与"最优解"越近越好，根据计算出的距离进行排序，但仅限于排序，未能有具体评估值，因此需对传统 TOPSIS 法进行改进。

（1）设置最优解和最劣解。

设有 m 个待评签派员，n 个 DRM 技能评估指标，则评估决策矩阵为 X，对其进行无量纲化处理，按照高优指标计算得矩阵 Y：

$$Y = \begin{bmatrix} Y_{11} & Y_{12} & \cdots & Y_{1n} \\ Y_{21} & Y_{22} & \cdots & Y_{2n} \\ \vdots & \vdots & & \vdots \\ Y_{m1} & Y_{m1} & \cdots & Y_{mn} \end{bmatrix}$$

按照原理设置最优解和最劣解，记为

$$Y^+ = (\max Y_{i1}, \max Y_{i2}, \cdots, \max Y_{ij})\ (i = 1, 2, \cdots, m) \tag{8-5}$$

$$Y^- = (\min Y_{i1}, \min Y_{i2}, \cdots, \min Y_{in})\ (i = 1, 2, \cdots, m) \tag{8-6}$$

设第 i 个待评签派员与最优解、最劣解距离为

$$D_i^+ = \sqrt{\sum_{j=1}^{n} [w_j(Y_{\max j} - Y_{ij})]^2}\ (i = 1, 2, \cdots, m) \tag{8-7}$$

$$D_i^- = \sqrt{\sum_{j=1}^{n} [w_j(Y_{\min j} - Y_{ij})]^2}\ (i = 1, 2, \cdots, m) \tag{8-8}$$

其中，各指标权重向量为 $\boldsymbol{W} = (w_1, w_2, \cdots, w_n)$。

在基础 TOPSIS 模型中，各评估指标的权值无特殊计算，均为平均权值，明显不符合签派员 DRM 技能评估，需选取多种客观赋权方法进行改进。

（2）计算与最优解的贴近度。

贴近度的取值范围一般为（0，1），其值越大，越远离最劣解，即越靠近最优解，排序越靠前。第 i 个待评签派员 DRM 技能与最优解的贴近度为

$$C_i = \frac{D_i^-}{D_i^+} + D_i^- \tag{8-9}$$

在签派员 DRM 技能量化评估中需得出每项指标的综合得分，因此需增加得分均衡度的修正。设第 i 位待评签派员各个指标得分的平均值为 $\overline{x}_{ij}$，其标准差为

$$\sqrt{\frac{1}{n-1} \sum_{j=1}^{n} (x_{ij} - \overline{x}_{ij})^2}$$

则该待评签派员的得分均衡度为

$$G_i = \frac{\overline{x}_{ij}}{\sqrt{\dfrac{1}{n-1} \sum_{j=1}^{n} (x_{ij} - \overline{x}_{ij})^2}} \tag{8-10}$$

签派员 DRM 技能评估得分均衡度较大，代表该签派员没有明显短板，

各项指标发展均衡，而得分均衡度较小则代表该签派员具有明显技能缺陷，需及时弥补，针对性地提高弱项可有效提高其综合技能。

综合评价得分的高低更能真实地反映各签派员的 DRM 技能综合水平，但结合签派员得分均衡度可发现，签派员是否存在技能短板。经上述计算，第 i 位签派员的综合评估得分如下：

$$H_i = \sum_{j=1}^{n} W_{ij} \times X_{ij} \qquad (8\text{-}11)$$

为改进传统技能评估中主观性过强，研究过程中还需以客观为导向，尽量保证评估结果的真实客观，需选取多种客观赋权法进行比较，选取最优。

2. 熵值法

信息熵法是利用熵可以反馈信息量大小的特性对指标进行赋权，熵值越小，信息量越大，指标对应权重越大。

计算各指标熵值时需对数据取对数，但是经过数据的初始处理，评估数据取值为（0，1），易出现极大值。为使数据计算过程合理，需在原始计算步骤中新增数据合理化步骤，可采取的办法是将矩阵平移一个单位作为数据源，即

$$Y'_{ij} = Y_{ij} + 1 \qquad (8\text{-}12)$$

计算指标初始权重时，设第 i 位签派员的第 j 项指标得分在该指标得分总和中的占比 P_{ij} 为

$$P_{ij} = \frac{Y'_{ij}}{\sum_{i=1}^{m} Y'_{ij}} \qquad (8\text{-}13)$$

设第 j 个评估指标的信息熵为

$$e_j = -\frac{1}{\ln m} \sum_{i=1}^{m} P_{ij} \ln(P_{ij}) \qquad (8\text{-}14)$$

设第 j 个评估指标的差异系数为

$$g_j = 1 - e_j \qquad (8\text{-}15)$$

第 j 个评估指标的熵权为

$$W_j = \frac{g_j}{\sum_{j=1}^{n} g_j} \qquad (8\text{-}16)$$

3. 变异系数法

变异系数是衡量各评估指标取值变异程度的一个统计量。设变异系数为 V_j，第 j 个评估指标的变异系数为

$$V_j = \frac{\sigma_j}{\overline{X}_j} \qquad (8\text{-}17)$$

其中　样本均值为 $\overline{X_j} = \frac{1}{m}\sum_{j=1}^{m} X_{ij}$; $\qquad (8\text{-}18)$

标准差为 $\sigma_j = \sqrt{\frac{1}{m}\sum_{i=1}^{m}(X_{ij}-\overline{X})^2}$ 。 $\qquad (8\text{-}19)$

设变异系数法计算得出的第 j 个指标客观权重为 W_j，其计算公式为

$$W_j = \frac{V_j}{\sum_{j=1}^{n} V_j} \qquad (8\text{-}20)$$

4. 变异系数 CRITIC 法

CRITIC 法是由 Diakoulaki 提出的一种基于标准差与冲突系数的客观赋权方法。标准差 σ_j 越大，说明各评估对象之间取值差距越大，若两个评估指标间相关性较强时，冲突系数较低。一般情况下，在 CRITIC 法计算过程中，会将对比度取绝对值，从而可能出现负值取绝对值差距缩小的情况，因此使用变异系数取代标准差更能体现数据波动性。

第 j 个评估指标与其他指标的冲突系数 R_j 为

$$R_j = \sum_{i=1}^{m}(1-|r_{ij}|) \qquad (8\text{-}21)$$

式中，r_{ij} 为第 i 个评估指标与第 j 个评估指标之间的相关系数。

在传统 CRITIC 法中并未对相关系数取绝对值，但是考虑到相关系数为负值的情况，相关系数越小得到的冲突性指标越大，取绝对值与未取绝对值的计算结果相差数倍，若连续出现多项负值，则评估结果会产生严重偏差。

设第 j 个评估指标所包含的信息量为 C_j，C_j 越大，该评估指标包含的信息量越大，相对重要性越大。其公式为

$$C_j = V_j \times R_j$$

其中变异系数 $V_j = \dfrac{\sigma_j}{X_j}$。 （8-22）

设变异系数 CRITIC 法计算得出的第 j 个指标客观权重为 W_j，其计算公式为

$$W_j = \frac{C_j}{\sum_{j=1}^{n} C_j}$$ （8-23）

5. 差异系数 CRITIC 法

差异系数 CRITIC 法是在前述 3 种客观赋权法的基础上，设计的一种对 CRITIC 法进行优化的赋权方法，即使用信息熵法中的差异系数表示对比强度。

设第 j 个评价指标所包含的信息量 C_j 为

$$C_j = g_j \times R_j$$ （8-24）

设差异系数 CRITIC 法计算得出的第 j 个指标客观权重 W_j，其计算公式为

$$W_j = \frac{C_j}{\sum_{j=1}^{n} C_j}$$ （8-25）

按照上述 4 种客观赋权计算方法确定 DRM 技能评估指标权重，分别计算与最优解和最劣解的距离、与最优解的贴近度、排序。经计算，四种不同的客观赋权法可得出不同结果。为比选出更适用于签派员 DRM 技能评估体系的方法，还需使用实际评估数据对四种客观赋权方法得出的贴近度进行计算比较，从贴近度的取值范围（全距）、中位数、标准差等方面进行比较，择优选取评估方法。航空公司签派员数量较多，且每年均有 DRM 训练，因此等同于评价对象较多，此时评估结果中位数值越接近理论取值范围的中点（0.5）越好。

第四节　签派员 DRM 技能管理

近年来，航空公司均在不断扩大规模，各公司签派员数量也在不断增长。签派员业务培训工作，也已经从最先的由培训部全部负责，转变为现今 DRM 技能评估由各部门自行负责和培训部总体监督，但是一直存在监督不到位的现象，直接导致签派员 DRM 训练效果不佳。如果这些问题持续下去，必然会影响签派员的能力发展，最终影响实际的工作品质。通过采用签派员 DRM

技能数字化管理，自动实现各类信息收集、交换和整理，为签派员提供成长建议，使签派员 DRM 技能评估工作能够以更快速率更高质量完成，并能保证训练流程科学明确，记录保存规范。

一、DRM 技能管理系统设计目标

通过设计开发签派员 DRM 技能管理系统，将已建立的签派员 DRM 技能多元化评估体系采用编程方法用程序语言嵌入至计算机系统中。本系统旨在将签派员 DRM 技能评估数字化、易操作化，在尽量节约成本的基础上完成签派员 DRM 技能的评估与记录。

因此，DRM 技能管理系统需达到以下 4 个目标：

（1）建立评估指标齐全、管理规范、维护方便的签派员 DRM 技能评估体系，进一步加强和规范对航空公司 DRM 训练的管理。

（2）增强航空公司对签派员 DRM 技能成长机制的管理。签派员需了解自身 DRM 技能的短板，才能查漏补缺，增强综合技能，航空公司需记录其成长路线并提供指导建议。

（3）航空公司规模与日俱增，各类运行系统也需不断进行技术更新，签派员 DRM 技能评估是众多数字系统中的一部分，需不断升级以保证其实用性，因此在开发初期需确定系统具有开放性与可扩展性。

（4）系统界面美观，系统稳定、运行流畅，满足性能和功能要求。

二、系统设计原则

软件系统在满足用户需求的同时需适于硬件系统，因此在软件设计时应当首先了解软件设计原则及适用对象。在开发该 DRM 技能管理系统时，应该遵守以下设计原则：

（1）实用性原则：系统开发目的是实现评估功能的基础上，尽量为公司减少人力成本，提高运行效率，因此在实现过程中需以实用性为基本原则。

（2）安全性原则：签派员 DRM 技能系统中的各类数据基本上来源于航空公司运行网，由于民航部分数据存在涉密性，对数据安全具有较高要求，在软件、硬件方面均应当有符合公司标准的安全机制。

（3）先进性原则：系统开发时需使用目前主流的编程语言便于日后更新完善，同时需符合用户需求和日常工作习惯，航空公司签派员训练及评估数据量庞大，系统需具有技术先进性，保障不断增长的数据传输、交换和处理。

（4）可扩展性原则：航空公司近年来都开发了内部运行网，集成度较高，考虑到后续将 DRM 技能管理系统集成至运行网的工作量，系统开发需具有扩展性、灵活性。

三、管理系统开发

签派员 DRM 技能管理系统采用 Java 语言进行编程。Java 语言与 C++语言相似，但更易于使用。在编程过程中，一直以对象为导向，并且运行环境广泛。Java 语言主要有以下特点：① 分布式；② 具有安全指针模型，可有效避免重写内存和数据崩溃；③ 目标文件可在多类型处理器上运行；④ 指令字节码可在任意计算机解释；⑤ 多线程处理操作简便，一般可由操作系统、线程程序完成。

Eclipse 是目前开发 Java 程序的首选 IDE，是一个极具灵活性、开放源代码的、基于 Java 的可扩展开发平台，并且允许在同一 IDE 中集成来自不同供应商的工具，能接受各类 Java 开发者编写的开放源代码插件。Eclipse 的主要属性有：① 快速的性能；② 重构功能；③ 快速修复错误；④ 调整/组织导入包；⑤ 弹出窗口进行代码自动装配。开发人员只需安装最新 JDK，就可以直接使用常用的开发工具如 Eclipse 开发的 JavaFX 应用，且 JavaFX 技术有着良好的前景，包括可以直接调用 Java API 的功能。

因为签派员 DRM 技能评估将积累产生大量评估数据，所以数据库选择的首要条件为安全稳定。然后在数据库设计时需考虑其合理性，不能影响正常的评估主体使用和信息管理查询，对系统响应速度具有较高要求，必须满足操作耗时少的要求。因此，本书选用数据库 Oracle，其安全性和稳定性都符合要求，可使用 JDBC（Java DataBase Connectivity，Java 数据库连接）技术为数据库提供连接。Oracle 数据库具有以下特点：① 兼容性；② 可运行的硬件系统与操作平台范围很广；③ 支持与各类通信网络的连接、协议；④ 具有良好的可移植性、可连接性、兼容性。

系统开始为用户登录模块（图 8-5），共有 3 类用户，分别是：普通签派员、领导管理层、后台管理员，系统会根据用户名识别用户类别。系统主要由 4 个主要的功能模块组成，分别是签派员自我评估模块、签派员同级评估模块、教员/领导评估模块及信息管理模块。

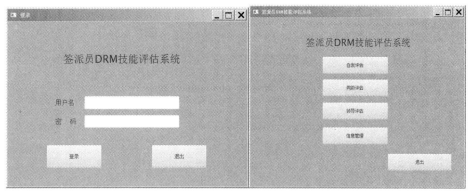

图 8-5 系统登录界面

1. 自评模块

签派员登录后进入自我评估模块，选择需评估子技能的案例后，按照上节的评估方式将分值及依据行为填至表格中，具体界面显示如图 8-6 所示。

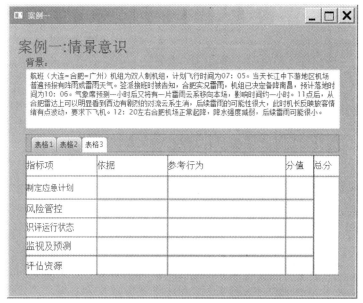

图 8-6 自我评估界面

2. 同级评估模块

签派员选择同级评估模块后，需选择评估对象，进入评估界面，按照上节评估方式进行评分，还需提供与评估对象的合作关系度，同组内互评数据集齐后进行各项评估指标在同级互评中的综合得分，评分界面如图 8-7 所示。

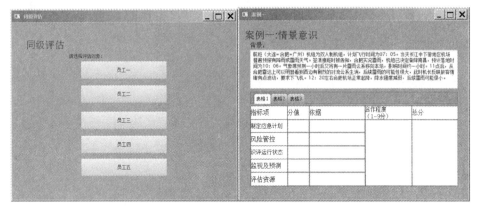

图 8-7　同级互评界面

3. 领导/教员评估模块

领导/教员登录后需选择相应模块，由于一个部门具有多个班组，因此需选择班组后继续选择评估对象，按照 ORCE 模型步骤进行评分，在评分过程中填写评分依据、行为判断等项，具体评分界面如图 8-8 所示。

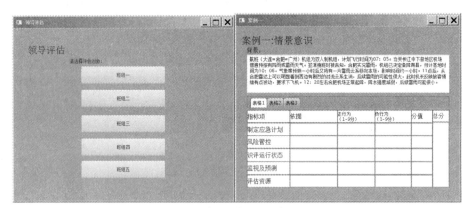

图 8-8　领导/教员评估界面

依据上节中案例分析关键行为，各评估主体将各指标评分及依据填至系统中，系统会自动存储至相连数据库，并将评分值按照已建立的评估方法进行计算得出评估对象各项指标值与综合评估值，用户可通过信息管理模块进行查询。

4. 信息管理模块

签派员 DRM 技能评估结果存入数据库功能和查看已评估人员功能相对比较简单，主要用于更新数据库中的人员评估结果以及对评估结果进行查看，签派员、教员两种用户对象均可访问信息管理数据库,查询签派员 DRM 技能评估数据及结果,公司可以据此改进签派员 DRM 训练,签派员可以据此不断提升自己。具体界面如图 8-9 所示。

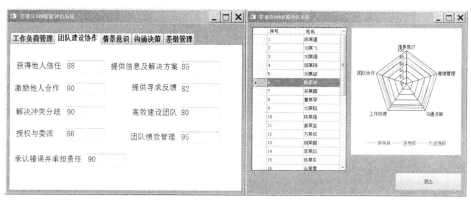

图 8-9 信息管理界面

四、签派员 DRM 技能管理保障措施

1. 资源保障

DRM 训练不仅能够提高航空公司的安全运营水平,还能够提高其经营效益。但 DRM 技能的提升不能在短时间内收到明显成效。因此,航空公司需要投入一定的时间、人力和资金成本,还需要飞行、机务、调度等不同部门之间的配合。只有航空公司管理人员理解和支持 DRM 理念,加强训练力度,提供训练所需资源,将 DRM 技能评估融入规范之中,才能有效保障签派员 DRM 技能的长期有效提升。

2. 文化保障

DRM 技能评估能够为签派员提供一个良好的能力探究渠道,以科学性信息分析的方式,对航空公司的情况做出有效性调节,避免航空飞行信息误操作的情况发生。因此,签派员必须正确认识到 DRM 与自身工作之间的关联性,逐步促进航空公司运控工作的开展,形成以签派员能力评估为核心的训练体系。例如:航空公司进行 DRM 训练时,除了要对签派员信息处理能力进行重点培训,同时也要结合航班信息处理的相关内容,实行针对性的教学,确保签派员能够从 DRM 训练过程中,学到有效的工作指导理念,从而树立工作关联性意识,为航空公司 DRM 训练的进一步开展奠定理念基础。

3. 机制保障

目前航空公司开展的 DRM 训练周期较短，焦点也集中在理论教学上，实践应用训练与训练后 DRM 技能评估环节较薄弱。DRM 训练贯穿签派员的职业生涯，需着重培养和不断强化签派员在实际工作时的 DRM 意识与行为。为达到更好的训练效果，航空公司需增强对签派员 DRM 技能的档案化管理，可利用前面建立的管理系统记录签派员成长轨迹，另外也要收集训练建议、反馈和及时更新，这样才能更好地对签派员长期跟踪和持续改进。在日常工作中，建议建立 DRM 讲评会机制，及时将新鲜案例对班组成员从 DRM 角度进行剖析，持续强化签派员的意识与理念。

附　录

附录一　航空公司签派员 DRM 技能评估指标调查问卷

尊敬的签派工作者：

您好！感谢您在百忙之中抽出宝贵时间填答此问卷！为了更好地评估签派员 DRM 技能，现需要各位签派工作者的宝贵意见作为研究依据，希望您不吝赐教！对于您的大力协助表示诚挚的感谢！作者根据 Jeppesen 公司"FOM 暨 FAA 签派执照获得"课程项目与 ICAO CBT 项目建立了如下 DRM 技能评估指标库，请您对各项指标做出评价，其中不重要取 1；重要取 3；非常重要取 5；介于不重要与重要之间取 2；介于重要与非常重要之间取 4。

单元	评估指标	1	2	3	4	5
签派工作与签派资源管理	签派资源管理的含义、性质及研究范围					
	人的因素与签派资源管理的含义					
	签派工作起源、签派员成长与发展、签派员在运行控制中心（AOC）的地位和作用、签派员的任务与特点					
	签派资源管理的内容、目标及培训方式，学习签派资源管理的意义					
情景意识	在可识别的威胁或风险前提下，制订充分的应急计划					
	识别和评估复杂运行环境带来的风险和后果，并管理运行安全的威胁因素					
	识别和评估运行状态（航空器的技术状态、天气情况、NOTAM、工业行动等）					
	监视当前运行以及时预测和解决新出现的问题					
	评估可用的资源（基础设施、IT 系统、人员）并根据变化对运行进行调整					
差错管理	人类信息加工、感知觉过程、记忆特性、思维特性、注意特性和个人状态与工作表现之间的关系					

单元	评估指标	1	2	3	4	5
差错管理	掌握常见的人为因素，了解其对签派工作的影响					
	熟悉签派工作中的常见差错及其类型、来源					
	能正确分析差错出现的原因，找出进行改进的机会					
	快速准确地从各种渠道获得信息，并对所获得的信息进行正确的分析处理					
	熟悉自动化系统的功能特性及局限，并能够正确熟练使用自动化系统					
沟通决策	正确分析问题解决的步骤与局限性					
	区分运行情况所需的无关和相关数据，提取应用正确信息数据					
	在遇到冲突、意外或不完整的信息时做出适当的决策					
	全面考虑到安全、成本和运行稳定的评估选项					
	使用适当的决策过程和工具					
	评估自己的决策以提高绩效					
	问题评估与问题解决技巧					
	决策的果断性及准确性					
	信息收集全面性					
	建立积极的人际关系					
	诊断人际冲突的类型					
	如何通过协作方式解决人际冲突					
	确保收听者已准备就绪并能够接收信息					
	适当地选择什么、何时、如何以及与谁进行沟通					
	清晰、准确、简洁地传达信息					
	提供关键问题，做出清晰简明的回答，确认收听者正确理解重要信息					

单元	评估指标	1	2	3	4	5
沟通决策	在接收信息时积极倾听并表示已经理解对方信息					
	询问相关的有效问题					
	遵守标准无线电话用语和程序					
	成熟的语言交流能力					
工作负荷管理	签派员的自我分析(个性特征、适应能力、情商)					
	在执行任务时有效地管理时间					
	在所有情况下保持自控					
	预见和识别负荷过载并尽早请求帮助					
	设定任务优先级和目标					
	审阅、监视和执行交叉检查					
	核实基本工作是否已完成并达到预期成果					
	签派工具和资源的有效利用策略					
	管理自我以及从不正常状态中及时恢复					
	压力的来源、人对压力的反应					
团队建设协作	获得他人的信任和信赖					
	激励他人合作,力求卓越					
	以建设性的方式处理和解决冲突和分歧					
	承认错误并且承担责任					
	为他人确定并提供相关信息和解决方案					
	提供并寻求有效和建设性的反馈					
	高效科学地建设团队					
	团队绩效管理（评估与应用）					
	授权与委派					
建议增加						

附录二　DRM 技能评估表
（DRM Skill Assessment List）

签派员：_____
分值可精确至 0.1

序号 （Competency）	能力 （Competency）	可观测行为（Observable Behaviors）	自我评价	同级评价	领导评价
1	情景意识 （Situation Awareness）	Develops contingency plans sufficiently in advance of an identifiable threat or risk 在可识别的威胁或风险的前提下，制订充分的应急计划			
		Identifies and assesses risks and consequences arising from complex operational situations, and manages threats to the safety of operations 确定和评估复杂运行环境带来的风险和后果，并管理运行安全的威胁因素			
		Identifies and assesses the status of the operation（technical status of aircraft, weather conditions, NOTAMS, industrial action etc.） 确定和评估运行状态（航空器的技术状态、天气情况、NOTAM、工业行动等）			
		Monitors current operations to anticipate and resolve emerging issues 监视当前运行以及时预测和解决新出现的问题			
		Assesses the available resources（infrastructure, IT-systems, personnel）and adjusts the operation in response to changes 评估可用的资源（基础设施、IT 系统、人员）并根据变化对运行进行调整			
2	人为因素与差错管理 （Human Factors and error management） （共 10 分）	Master the common human factors and understand their influence on the assignment 掌握常见的人为因素，了解其对签派工作的影响			
		Familiar with the common mistakes in the Dispatch, its types, sources 熟悉签派工作中的常见差错及其类型、来源			
		Analyze the causes of errors and identify opportunities for improvement 能正确分析差错出现的原因，找出进行改进的机会			

序号	能力（Competency）	可观测行为（Observable Behaviors）	自我评价	同级评价	领导评价
2	人为因素与差错管理（Human Factors and error management）（共 10 分）	Obtain information quickly and accurately from various channels，and correctly analyze and deal with the information obtained 快速准确地从各种渠道获得信息，并对所获得的信息进行正确的分析处理			
		Familiar with the functional characteristics and limitations of automation system，and be able to use automation system correctly 熟悉自动化系统的功能特性及局限，并能够正确熟练使用自动化系统			
3	问题解决与决策（Problem solving and decision-making）（共 20 分）	The steps and limitations of problem solving 正确分析问题解决的步骤与局限性			
		Distinguishes between irrelevant and relevant data required for the analysis of operational situations. Abstracts and applies the correct information，relations，coefficients etc. 区分运行情况所需的无关和相关数据。提取应用正确信息数据			
		Makes appropriate decisions when confronted with conflicting，unexpected or incomplete information 在遇到冲突、意外或不完整的信息时做出适当的决策			
		Evaluates options in view of safety，costs and operational stability 全面考虑到安全、成本和运行稳定的评估选项			
		Uses appropriate decision-making processes and tools 使用适当的决策过程和工具			
		Evaluates own decision making to improve performance 评估自己的决策以提高绩效			
		Selection of problem assessment and problem solving skills 问题评估与问题解决技巧			
		Decisiveness and accuracy of decision making 决策的果断性及准确性			

序号(Competency)	能力(Competency)	可观测行为（Observable Behaviors）	自我评价	同级评价	领导评价
4	沟通(Communication)（共 20 分）	Comprehensive information Collection 信息收集全面性			
		Building positive relationships 建立积极的人际关系			
		Diagnosing types of interpersonal conflicts 诊断人际冲突的类型			
		Resolving interpersonal conflicts through collaborative approaches 如何通过协作方式解决人际冲突			
		Ensures the recipient is ready and able to receive the information 确保收听者已准备就绪并能够接收信息			
		Selects appropriately what, when, how and with whom to communicate 适当地选择什么、何时、如何以及与谁进行沟通			
		Conveys messages clearly, accurately and concisely 清晰、准确、简洁地传达信息			
		Provides clear and concise answers to technical questions Confirms that the recipient correctly understands important information 提供关键问题，做出清晰简明的回答，确认收听者正确理解重要信息			
		Listens actively and demonstrates understanding when receiving information 在接收信息时积极倾听并表示已经理解对方信息			
		Asks relevant and effective questions 询问相关的有效问题			
		Adheres to standard radiotelephone phraseology and procedures 遵守标准无线电话用语和程序			
		Accurately interprets and responds to communication 成熟的语言交流能力			
5	工作负荷管理(Workload Management)（共 20 分）	Self-analysis of the signings（personality traits, adaptability, eq）签派员的自我分析（个性特征、适应能力、情商）			
		Manages time efficiently when carrying out tasks 在执行任务时有效地管理时间			

序号	能力（Competency）	可观测行为（Observable Behaviors）	自我评价	同级评价	领导评价
5	工作负荷管理（Workload Management）（共20分）	Maintains self-control in all situations 在所有情况下保持自控			
		Anticipates and recognizes overload and asks for help early 预见和识别负荷过载并尽早请求帮助			
		Set task priorities and goals 设定任务优先级和目标			
		Reviews, monitors and cross-checks actions 审阅、监视和执行交叉检查			
		Verifies that essential tasks are completed with the expected outcome 核实基本工作是否已完成并达到预期成果			
		Effective utilization strategy of Dispatch tools and resources 签派工具和资源的有效利用策略			
		Manages and recovers from interruptions, distractions and failures 管理自我以及从不正常状态中及时恢复			
6	团队建设与协作（Team Building and collaboration）（共20分）	Gains the trust and confidence of others 获得他人的信任和信赖			
		Inspires others to collaborate and strive towards excellence 激励他人合作，力求卓越			
		Addresses and resolves conflicts and disagreements in a constructive manner 以建设性的方式处理和解决冲突和分歧			
		Admits mistakes and takes responsibility 承认错误并且承担责任			
		Identifies and provides relevant information and solutions to others 为他人确定并提供相关信息和解决方案			
		Provides and seeks effective and constructive feedback 提供并寻求有效和建设性的反馈			
		Efficient and scientific construction team 高效科学地建设团队			
		Team performance management (evaluation and application) 团队绩效管理（评估与应用）			
		Authorization and delegation 授权与委派			

附录三 席位工作记录单

姓名：   年   月   日

天气概况：
航班运行情况：
飞机状况：
航行通告：
专机要客：
加机组：
设备情况：
领导指示：

附录四　通信记录单

姓名：　　　　　　　　　　　　　时间：

时间	来电/去电	给谁/谁来	内容

附录五　案例演练任务检查单

案例名称：_____

演练时间：　　　　　地点：

序号	姓名	角色	检查项目	评价	综合评价
1		值班经理	与机组沟通		
			与现场沟通		
			与 ATC 沟通		
			负责整个 AOC 的航班运行		
2		带班主任	负责监控所有航班		
			与签派沟通协商放行决策		
3		签派放行	国内航班放行		
			航班信息查询（起飞机场、目的地机场、备降机场、预计起飞降落时间、客货信息等）		
			机组评估、飞机状态评估、机场评估、天气评估等		
			计算机飞行计划制作		
			生成放行单并派发 FPL 报		
4		签派控制	与机组人员沟通		
			与区调沟通		
			与带班主任沟通航班等待情况		
			与放行签派沟通		
			与性能、机务工程师沟通		
5		机长	与签派沟通协商航班的放行		
			询问航班天气情况		
			询问航班的起降		

序号	姓名	角色	检查项目	评价	综合评价
6		机务	告知签派飞机状况		
			机务放行飞机		
7		性能	飞机适航性评估		
			飞机起飞限重分析		
			查询飞机相关数据		
8		气象	机场、航路天气状态评估，未来天气预报		
			查看天气雷达图、卫星云图		
			预测和分析各地区天气情况		
9		运行总调	与各机场沟通协调航班起降		
			与各机场协调航班调配		
			各机场的地面保障		
10		情报	查看航行通告，与签派沟通情报信息		
			提取各航班的 PIB		
			查看航班的各航线情况		
			与签派协商		
11		机场	与机组的沟通		
			与值班经理沟通		
			与现场协调		
12		ATC	ATC 与机长的沟通		
			提供 ATC 管制服务		
			旅客服务保障情况		

附录六　金牌直觉测验

请回答以下问题，正确的打"√"，错误的打"×"。

我认为学习新的计算机软件，最好的方法就是安装它，然后操作一下，接着再看软件说明。　　　　　　　　　　　　　　　　（　　　　）

应该让我自己设定自己的工作时间。什么时候是自己状态最好的时候，而且不一定每天都在相同的时候。　　　　　　　　　　　　　（　　　　）

人们觉得我的书桌很乱，但是我知道东西放在哪。　　（　　　　）

我认为自己是一个诚实而且有道德的人，但有时候我还是没有办法确定我做的事情是否正确，但还在可控制情况中。　　　　　　　（　　　　）

证据告诉我应该决定出一个方向，但我有种奇怪的感觉告诉自己我不应该那么做，通常我会顺从自己的感觉。　　　　　　　　　（　　　　）

我不知道到达宴会地点的确切方向，但那不会使我感到困扰。我会去一般的地区，然后问问某人路要怎么走。　　　　　　　　　（　　　　）

我喜欢解决问题，因为它给我掌握可能性的机会。　　（　　　　）

我很容易觉得烦。　　　　　　　　　　　　　　　　（　　　　）

我会听专家的建议，但不会每次都遵守。　　　　　　（　　　　）

我认识很多可以控制直觉的人。　　　　　　　　　　（　　　　）

我喜欢小说和非小说类的书。　　　　　　　　　　　（　　　　）

复选题不是很有效，所以学生应该回答讨论题。　　　（　　　　）

没有人说过我是个注重细节的人。　　　　　　　　　（　　　　）

准时赴约令我感到拘束。　　　　　　　　　　　　　（　　　　）

我喜欢冒险。　　　　　　　　　　　　　　　　　　（　　　　）

参考文献

[1] 航空承运人飞行签派员资质管理标准(AC-121-FS-2011-43)[Z]. 北京：中国民用航空局，2011.

[2] 签派资源管理训练大纲的制定与实施(AC-121-FS-2011-44)[Z]. 北京：中国民用航空局，2011.

[3] 航空承运人飞行签派员人力资源评估指南（ AC-121-FS-2014-121 ）[Z]. 北京：中国民用航空局，2014.

[4] 航空承运人飞行签派员资格检查指南（ AC-121-FS-2017-129 ）[Z]. 北京：中国民用航空局，2017.

[5] 秦亮. 浅议签派员资源管理（DRM）[J]. 科技传播，2011（1）：49，46.

[6] 刘汉辉，孙瑞山，张秀山. 基元事件分析法[J]. 中国民航学院学报，1997（3）：1-9.

[7] 道格拉斯 A.魏格曼，斯科特 A.夏佩尔. 飞行事故人的失误分析[M]. 北京：中国民航出版社，2006.

[8] 杜栋，庞庆华，吴炎. 现代综合评价法方法与案例精选[M]. 北京：清华大学出版社，2008.

[9] 大型飞机公共航空运输承运人运行合格审定规则（CCAR-121-R5）[S]. 北京：中国民用航空局飞行标准司，2017.

[10] 飞行签派员值勤时间指南（AC-121-FS-2009-30）[S]. 北京：中国民用航空局飞行标准司，2009.

[11] Xiaoli Luo. Human factors accidents/incidents classified standard and the classified statistical report on China civil aviation accident/incident during 1990-2001[C].12th proceeding of international symposium on Aviation psychology，Dalton，2003，10（3）：1283-1288.

[12] Xiaoli Luo. The Classified Statistical Report on 152 Flight Incidents of Less than the Separation Standard Occurred in China Civil Aviation during 1990 ~ 2003[A] .2004 International Symposium on Safety Science and Technology[C]. 2004，4（6）：166-171.

[13] 张凤，于广涛，等. 影响我国民航飞行安全的个体与组织因素——基于 HFACS 框架的事件分析[J]. 中国安全科学学报，2007，17（10）：67-74.

[14] 汪磊，孙瑞山. CFIT 事故中的人为因素[J]. 中国民航大学学报，2007，7（25）：80-82.

[15] International Civil Aviation Organization. Air traffic service planning manual（Doc9426）[M]. Montreal：International Civil Aviation Organization，1984.

[16] 熊子晨. 航空公司签派员资质管理系统的研究[D]. 德阳:中国民航飞行学院，2013.

[17] 李海燕. 中国民航签派人误分类分析系统的研究[D]. 德阳:中国民航飞行学院，2009.

[18] 赵珊. 签派员岗前 DRM 训练与评估系统的开发[D]. 德阳：中国民用航空飞行学院，2014.

[19] 孟骞. 签派资源管理[J]. 科技资讯，2010（35）：226.

[20] 张华，詹玉龙，徐善林. 浅谈人为因素中情景意识对船舶安全的影响[J]. 南通航运职业技术学院学报，2010，9（3）：38-41.

[21] 王黎静，王晓丽，何雪丽. 民航飞行员工作负荷影响因素体系研究[J].人类工效学，2016，22（3）：45-48，57.

[22] 王永刚，陈道刚. 基于结构方程模型的管制员情境意识影响因素研究[J]. 中国安全科学学报，2013，23（07）：19-25.

[23] 贾宝柱，吴紫梦，林叶锦. 机舱资源管理中的情景意识[J]. 中国航海，2015，38（4）：18-21，71.

[24] 宋晨柯. 签派员 DRM 技能的多元化评估研究[D]. 德阳:中国民用航空飞行学院，2018.

[25] 罗凤娥，张立娟，陈海川. 飞行签派员工作负荷研究[J]. 中国西部
科技，2015，14（6）：116-117，70.

[26] 温波. 民航企业人员压力管理研究[J]. 中国经贸导刊（理论版），
2017（32）：79-80.

[27] 罗晓利. 机组资源管理[M]. 成都：西南交通大学出版社，2012，
21-23.

[28] 邓娟，牟海鹰，石荣，等. 空中交通管理中人的因素[D]. 德阳：中
国民用航空飞行学院，2011.